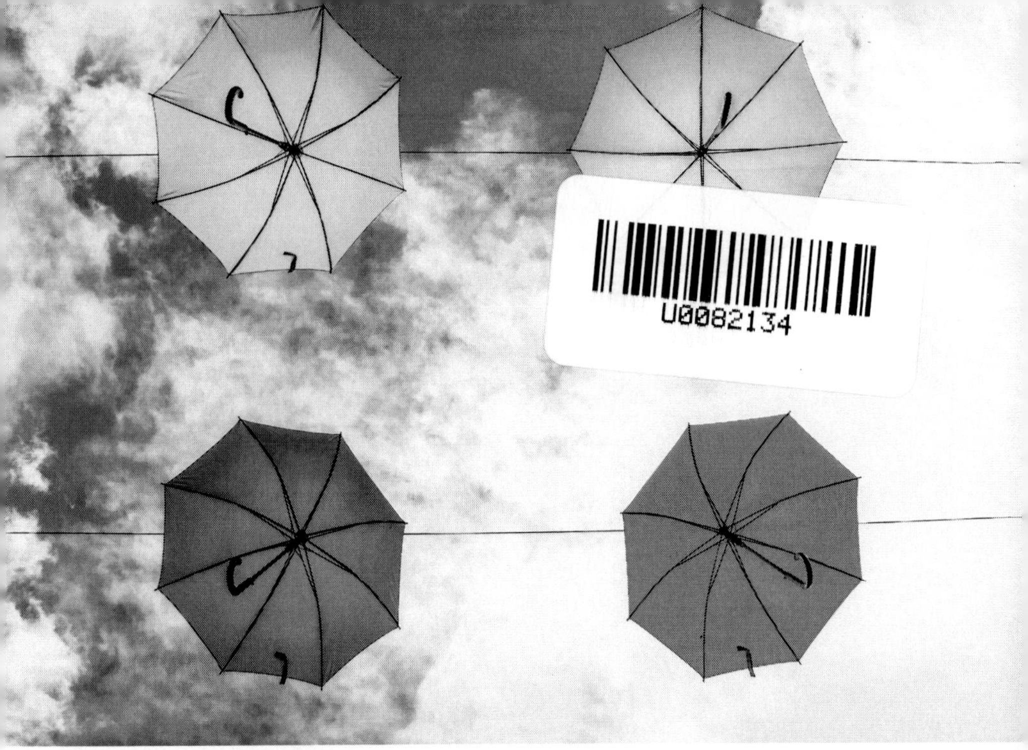

沒心沒肺，你可以更快樂

抱怨是生活的鹽，一點點就足夠

王薇華 —— 著

若把生活比作鞋子，我們的腳就是幸福的感覺，
進入鞋裡的沙子就是「不幸」。
一旦鞋裡混入一粒沙子，人們會立刻變得敏感，
為沙子帶給我們的不幸耿耿於懷，抱怨生活總是不幸……

崧燁文化

目錄

目錄

第六章　樂觀解釋風格

PART 2　智慧篇
堅定是一種能力

第七章　自我兌現的預言

第八章　心理暗示

目錄

PART 3　情緒篇
慈善是一種能力

PART 4　情緒篇
幸運是一種能力

目錄

推薦序

搭乘幸福直達車

我們一般人尋求幸福，有三個智慧的源泉：經典哲學、成功人士的個人經驗和科學的心理學。有部分讀者是由傳統經典書籍和成功案例中尋找智慧之道，卻忽視了時代的變遷和自身的特殊性。在心理學日益發展的今天，人們越來越了解到幸福與心態有關，我們有必要將最新的心理學幸福理論介紹給讀者。

當前，與幸福連繫最緊密的心理學派是積極心理學。何為積極心理學，簡單來說，是指利用科學的實驗和測量方法來研究、開發人類潛能的心理學思潮。它倡導人在面對壓力時，用一種積極的心態來詮釋自己的內心和周遭，進而激發自身本已存在但尚未發掘的優秀特質和積極力量，從而定義自己幸福的人生。

如今積極心理學的發展已成態勢，在聯合國首次將「幸福」正式列入全球議事日程的《第 65/309 號決議》生效的前提下，在哈佛等著名學府的幸福課風靡全球的背景下，我們欣喜地看到，作為積極心理學推廣的第一人的王薇華等優秀的積極心理學作家正在腳踏實地緊跟心理學的最新動態，與國際上關注幸福問題的專家一起去探討心理學與社會發展密切結合的發展問題，並著重於與幸福連

繫最為密切的積極心理學理論與大眾的連結，同時充分吸取國內外心靈修養類、心理學類圖書的優勢和教訓，以生動、活潑、通俗的形式向讀者展現全新的切合亞洲人的優秀書籍。為此，我們期待他們能從多角度、多方位，為千千萬萬的讀者傳遞幸福之道。

清華大學心理學系主任、柏克萊加州大學心理學系終身教授

自序

從幸福感到幸福力

從希臘哲學家關於幸福的論戰，到現代心理學家、社會學家解析幸福，幸福一直是每個時代的熱門話題。

如今，幸福學已經炙手可熱。國際心理學界的新生學科——積極心理學對幸福感的關注和研究，引起了全球對幸福學的聚焦。

各國政府在追求著國民幸福指數，媒體在熱議著幸福話題，心理學家們研究著幸福感的取向，千千萬萬的民眾也在關注著「什麼是幸福？」「為什麼我的幸福感不長久？」等核心問題。

幸福感 = 主觀幸福感＋心理幸福感＋社會幸福感

幸福最初是一個哲學概念，可追溯到古希臘時代。最具代表性的理論有兩派：一派是阿瑞斯提普斯（Aristippus）學派的「快樂主義幸福觀」，即「快樂論」——幸福是一種快樂的體驗；另一派是亞里斯多德（Aristotle）學派的「完善論幸福觀」，即「實現論」——幸福不僅僅是快樂，更是人潛能的實現，是人本質的顯現與實現。

兩千多年來，研究者們懷著對美好生活的追求，不斷地豐富著幸福的概念。幸福—幸福感的演化也經歷了三個過程：從早期主觀

幸福感的「一統天下」，到四十年前主觀幸福感和心理幸福感的「雙峰對峙」，再到如今主觀幸福感、心理幸福感、社會幸福感的「三足鼎立」，幸福感的真面目終於開始清晰了。幸福感不是單一地泛指「主觀幸福感」，它包括主觀幸福感、心理幸福感和社會幸福感三個方面。

當幸福在心理學研究者的眼中演化為幸福感的時候，大眾面對幸福感還是一頭霧水：「幸福就是感覺嗎？」心理學這個身處象牙塔的科學，如同鑲嵌在皇冠上的明珠，神秘而朦朧；心理學那些高深莫測的理論、專業的術語、複雜的心理量表，以及那些讓人不知所措的測量工具、干預幸福的手段，讓大眾覺得幸福似乎越來越說不明白。

有沒有簡單明瞭的說法呢？從大方向上講，幸福是哲學、倫理學、經濟學、社會學共同面對的問題；幸福感是心理學研究的科學命題；幸福指數是政府關注的時代課題，民眾的安居樂業就是衡量政府業績的依據，國民幸福指數（GNH）是衡量人民幸福快樂的標準，增進人民福祉就是國家的使命。從小方向上講，大眾對幸福的需求很簡單，就是實用。大眾只需要簡單易懂、便於學習的心理學應用方法。

幸福是可以學習的

早在幾年前，國外就已開設備受社會各界關注的「幸福課」。

如今學習幸福在亞洲也已呈星火燎原之勢。

學生時代，讀書的目的很簡單：學習技能，為了今後生活得更幸福。十幾年的讀書生涯，一門又一門的功課、一疊又一疊的作業，我們學習了很多知識，但是，我們從來就沒有學過幸福這門課。當我們踏進社會，開始工作、戀愛、結婚、育子，經常會發現，一直努力追求的幸福依然離我們很遠。

當我們快樂的時候，覺得自己很幸福，幸福感很高；當我們不開心、不快樂的時候，覺得自己並不幸福，甚至很不幸。如果把生活比作一雙鞋子，我們的腳就是幸福的感覺，進入鞋裡的沙子就是「不幸」。同樣的鞋，平日穿在腳上，很少有人去誇獎鞋子的舒適，一旦鞋子裡混入一粒沙子，人們會立刻變得敏感，為沙子帶給我們的不幸耿耿於懷，甚至還會埋怨鞋子不好，抱怨生活總是不幸。

其實，很多時候，並不是生活中的幸福少了，而是我們缺少了獲得幸福的方法；並不是我們沒有發現幸福，而是我們缺少了學習幸福的能力。

幸福力是個體獲得幸福的軟實力

幸福是什麼？如何才能擁有更持久的幸福生活呢？先賢們告訴我們，幸福是一種感覺；哲學家告訴我們，幸福並不是存心去找就能找到的；社會學家告訴我們，幸福的多少與財富無關；積極心理學家則告訴我們，幸福不僅是感覺，更是一種能力，即幸福是可

以學習的。

積極心理學是一門專門研究如何使生命更有意義，讓人們更加樂觀、健康和幸福的學科，致力於幫助人們生活得更好。二〇一〇年，積極心理學提出全新的心理概念——「幸福力」，旨在幫助大眾擁有一種看得見、用得著、學得會的幸福能力。幸福力是一個人內在的心態，是一個人獲得幸福的軟實力。這個軟實力是一個人的情感力、認知力、健康力、意志力、抗壓力、微笑力和德行力的綜合體現。具備幸福力的人，能獲得長久而持續的幸福，而非短暫的情緒體驗。

如今，已經從幸福感的量化研究，進入了幸福力的提升應用時代。如果說，判定一個人是否幸福的量化標準是幸福感，那麼獲得幸福的實施方案就是增強幸福力。幸福力沒有量化比較、沒有較量，是一種自我積蓄的軟實力，是純粹的自我能量；而幸福感則滲透著太多自己與他人的比較。

正如「幸福不幸福只有自己知道」，在提升幸福感的過程中，只有調節情感，增添內心的力量，心靈才會充滿殷實的幸福能量。幸福力的時代已經來臨。個人幸福力的提升，會帶動整個社會的幸福指數的提高。福祉、大愛的和諧世界，正是你我他幸福力凝聚之後的集結。

積極心理
生活壓力
孤獨
心理疾病

自序

PART 1　情緒篇
樂觀是一種能力

樂觀的人，習慣正面思考，擁有積極的情緒；樂觀的人，活在當下，不會自尋煩惱，懂得釋放壓力；樂觀的人，善於用樂觀解釋風格，即每個人解釋事件發生原因的傾向，面對生活中的不如意，積極面對人生。樂觀的人是自己情緒的主人。

第一章　幸福就在身旁

幸福是什麼

在我的學生時期，最難忘的是一位姓鄭的英語老師。鄭老師出生在印尼，是一位眼科醫生，後來老師離開了學校。臨走前，他在我的筆記本上留下一句話：做一個幸福的人。

「做一個幸福的人」是一份最美好的祝福，也是所有人畢生的夢想。正如亞里斯多德（Aristotle）說的：「幸福是人生的目的和意義，是人類存在的最終目標和終點。」

幸福在哪裡？幸福就在我們身旁，有時，一個微笑、一個眼神、一句話語，都會讓我們感受到幸福；幸福似乎也很遠，我們想要的東西、期待的夢想，總是讓我們可望而不可及，做一個幸福的人似乎並不容易。

幸福是什麼呢？《國語辭典》對「幸福」一詞的解釋是：「使人心情舒暢的境遇和生活。」幸福是一種美好的生活體驗，是一種主觀感，更是一種能力。

幸福是不老的話題，涉及快樂和夢想。現在，大家似乎面臨著一個難以擺脫的怪現象：手上的錢越來越多了，快樂卻在減少，煩惱在增加，幸福感在原地踏步。

一個自恃有錢、態度傲慢的銀行家，去拜訪一位哲人。他一進門就不停地抱怨妻子不夠體貼自己、孩子不夠尊重自己、員工不夠感激自己，訴說自己如何富有、如何日夜操勞。

哲人將銀行家帶到窗前，問：「向外看，告訴我你看到了什麼。」

銀行家說：「我看到外面有很多人。」

哲人又將他帶到一面鏡子前，問：「現在你又看到了什麼？」

回答：「我自己。」

哲人笑了笑說：「窗子和鏡子都是玻璃做的，區別只在於鏡子多了一層薄薄的水銀。正是因為這一層水銀，便使你只看到自己而看不到世界了。」

財富的增加，改善了人們的生活水準。可是，不停的投資市場、擴張資本，錢多了，人心卻變得狹隘自私，與他人的關係不再親密了，金錢蒙蔽了人們的雙眼，讓幸福、快樂和愛也漸行漸遠。

黃建勛繪製

心理幸福感是一種幸福力。幸福力的獲得需要經過長期累積、內在的心理修練，是幸福人生的原動力。

人為什麼不快樂

我和許多人一樣，總會認為：「當我擁有那個東西的時候，當我到達那裡，實現那個目標的時候……我就會快樂，那時我將會是幸福的。」這樣的事情還有很多。可是，當我擁有「那個東西」，當我到達了「那個地方」的時候，是不是真的就會感到幸福、感到滿足呢？

「金榜題名」是人生四大喜之一。記得當年在考研究所的時候，我曾幻想過收到錄取通知書時，一定會欣喜若狂，那時的我就是最幸福的人。可是現在，對於手捧錄取書時的快樂，卻早已想不起來了。印象最深的卻是準備博士論文的那一年。我曾經不只一次想像著博士論文答辯成功、頭戴博士帽的情形，那時我堅定的認為：博士畢業的我一定是最快樂、最幸福的人。

可是當我真正戴上博士帽的時候，我所關注的，已經不是自己作為一名女博士的快樂和幸福，而是職業的重新定位和新的人生選擇。它們讓我猶豫不決、悶悶不樂，我並沒有因為成為一名女博士而感到快樂。

為什麼當我們擁有「那個東西」、到達了「那個地方」的時候，我們並沒有覺得自己是幸福的呢？為什麼我們總是在快樂和不快樂的期待中跌宕起伏呢？患得患失、舉棋不定，忽略眼前的美好，把快樂寄託在未來，寄託在夢想實現之後。可是當夢想成為現實的時候，卻發現自己並沒有想像中那麼快樂，於是又把關注點放在下一個目標上。不斷地期待、不斷地失望，讓人們忽視了眼前的快樂和幸福，變得越來越不快樂、不幸福了。

學會幸福的能力，獲得長久和持續的幸福。

快樂水車原理

一九七一年，心理學家布里克曼（Philip Brickman）和坎貝爾（Donald T. Campbell）提出了「快樂水車原理」。

它最初是比喻經濟發展像水車的輪子一樣不斷滾滾向前，但快樂程度卻在原地打轉，並沒有隨著經濟的發展而顯著提升。隨後又延伸為這樣一個理論：幸福的追求是「快樂的水車」，人們的幸福體驗會隨著他們的成就和財富的增加而增加，但是人們很快就會適應這個新水準，而這個新水準也就無法再帶來快樂。

「快樂水車原理」也稱享樂適應，即當人們有了某種物質追求的慾望時，會認定非要得到它才會快樂，沒有得到它之前無快樂可言；當終於得手之後，很快就對這種快樂「適應」了，於是又開始了新的物質追求。如同在跑步機上跑步一般，沒有盡頭。

哈佛大學排名第一的公開選修課《幸福課》的導師泰勒·本－沙哈爾（TalBen-Shahar）教授用「老鼠賽跑的失誤」這一比喻解釋了「快樂水車原理」。

什麼是「老鼠賽跑的失誤」呢？在寵物店裡，我們經常能看見裝在籠子裡的小老鼠。只見小老鼠在籠子裡不停地奔跑，越跑越快，越跑越累，最終小老鼠還是在籠子裡跑，牠們始終不會跑出籠子。

「老鼠賽跑」的這種場景，就非常像現實生活中那些不停地奔跑、「忙碌奔波型」的人，他們在自己的人生軌道上拚命地奔跑，奮鬥著、掙扎著、追逐著，卻永遠也跑不出去。

「忙碌奔波型」的人整日忙碌奔波，錯誤地認為成功才是幸福，並且堅信目標實現後，就能放鬆和解脫，那時才是幸福的。他們很少駐足欣賞路邊的風景，他們人生的目標就是：向前，向前，再向前；向錢，向金錢；想錢，只想錢。似乎擁有了錢，就擁有了他們想要的一切。可是當他們真的得到自己想要的東西時，卻發現自己並沒有想像中那麼幸福，依然覺得前面的那個東西或別人擁有的才是最棒的。

人生不是一場賽跑，而是一場旅行。面對一路如畫的美景，不要跑得那麼快，慢慢地走、細細品味、好好生活，體驗每一段路程的景緻。當我們揮手告別這個世界的時候，任何人都無法帶走一片風景，即使你搭建了宮殿城堡、收集了奇珍異寶，那也是在為他人積攢遺產。

人生一場，收穫的是體驗和感動。輕風繫不住流雲，流雲卻帶走了歲月，真正能流芳百世的只有那些不朽的思想和靈魂。

比較幸福只會不幸福

為什麼當我們擁有那些期待已久的東西時，並沒有想像中的那麼幸福和快樂？因為，我們追求的不是「幸福」，而是「比別人幸福」。人之所以活得累，是因為我們放不下架子，拋不開面子，解

不開心結。我們總是在與他人比幸福。

喜歡比較，使現代人把主要精力都投入到競爭中，比職位、比房子、比財富……比來比去，心中只剩下欲望，沒有了幸福。金錢是多了，快樂卻少了，健康亮起了「紅燈」，奔跑的腳步邁不動了。

當一個人追求的不是如何爭取幸福，而是怎麼比別人幸福和快樂的時候，快樂和幸福就會離你越來越遠。懂得幸福的人，是依據自己的標準來定位幸福，只有不懂幸福的人，才用他人的標準來衡量自己的幸福。

現代人喊著壓力太大，工作太忙。忙什麼呢？忙著賺錢，忙著比較，忙著炫耀，忙來忙去，財富是越來越多了，幸福和快樂卻越來越少。在繁忙的奔波中，很少有人去關注自己內心的渴望和信念。

在這個充滿競爭和賽跑的生存環境中，人們的眼睛一直向外看，盯著前面的領跑者，關注和模仿別人的生活方式，跟著他人的腳步一路向前趕、一路追逐著。在匆忙的日常中，我們沒有時間欣賞路邊的風景，更沒有機會考慮自己內心的呼喚。

我們走得太快了，以至於靈魂都落在了身後，我們需要等等它。放慢奔波的腳步，用眼睛、用心問自己過的是不是我們想要的生活：如果是，請繼續行走；如果不是，請放慢腳步，花點時間去關注自己心靈的呼喚。

外面的世界不會因你而改變，但內心的世界會隨你的心

而改變。適應世界，不盲目模仿、不比較幸福，你的世界會因你而精彩無限。

從更富足到更幸福

今天，人們的生活一天比一天好，特別是從一九八〇年代開始，人們的生活發生了翻天覆地的變化，幾乎所有的一切都變得越來越好：人均收入越來越高，人均壽命越來越長，房子越來越大，物質享受越來越多，現代化的水準越來越高……

人類在奔跑中追求著更多的食物、更多的金錢，渴望著更好的生活、更好的待遇。但是在「更多」的同時，人們並沒有感到「更好」、「更幸福」。我們面前的現實是：生活水準變高了，可是人們的快樂卻在減少，負面情緒越來越多，人們的幸福感在原地踏步，人的幸福指數在近幾十年幾乎沒有多少增長，甚至出現了「二十一世紀人類健康的最大殺手——心理疾病」這樣的問題。

二十一世紀這個被譽為資訊大爆炸、財富大增值的時代，被貼上了憂鬱大爆發的標籤。無論是歐美，還是亞洲，心理學家研究的結果表明，在過去的五十年裡，認為自己幸福的人在逐漸減少。與此同時，情緒疾病、心理疾病卻越來越多，此外還有數百萬人，雖然沒有心理疾病，但卻感受不到生活的快樂和幸福。

我們不禁要問：為什麼會這樣呢？人們的生活變好了，應該是負面情緒越來越少呀？為什麼卻是快樂越來越少，心理疾病越來越

多？為什麼我們獲得了更多的財富，卻沒有擁有更多的幸福？

經常會遇見這樣的事情，當對方知道我是一位積極心理學研究者的時候，通常會問這樣的問題：心理學家是不是看什麼人都有問題？心理學為什麼總是抓著問題不放？積極心理學又是研究什麼的呢？

在過去很長一段時間裡，心理學過多的關注於心理疾病的診斷和治療，把研究重點放在解決心理不正常的人身上，致使人們提到心理學就會聯想到「心理有疾病的人」。

其實心理學的使命有三個：一是治療有心理疾病的人，這類人群不到總人口的百分之四；二是發現和培養百分之一的天才；三是幫助百分之九十五以上的正常人群生活得更幸福、更快樂。

過去心理學的研究重點有偏頗，比如過多的關注了百分之四的問題人群，忽視了正常人群的潛能開發、美德與力量的培養。二〇〇〇年的時候，國際心理學界興起了一個新的研究領域——積極心理學，也被稱為幸福心理學。積極心理學就是幫助正常人生活得更好、更幸福，即在幫助我們在獲得富裕生活的同時，也讓我們擁有屬於自己的長久幸福力。

積極心理學的使命就是幫助人們提高幸福感，提升幸福力。透過學習擁有幸福的能力，人們能獲得屬於自己的可持續的幸福。

積極心理學的追求

著名的心理學家赫爾曼·艾賓浩斯（Hermann Ebbinghaus）說過這樣一句話：「心理學有著漫長的過去，但只有短暫的歷史。」

一八七九年，德國哲學家、心理學家馮特（Wilhelm Maximilian Wundt）在德國的萊比錫大學建立了世界上第一個心理學實驗室，標誌著心理學從此誕生了。作為一門正式的學科，心理學不過只有一百三十多年的歷史，但它所涉及的問題一直被幾個世紀以來的哲學家、思想家和普通人群所關注。

但是，二戰之後的半個多世紀以來，心理學的研究出現了偏頗，過多關注問題人群，忽視了正常人群，致使人們提到心理學就會聯想到問題人群。

傳統心理學與積極心理學的不同之處體現在以下方面。

傳統心理學關注消極情緒，其方法主要是疾病模式，總是盯著人類身上的問題，幫人從病症裡面走出來，而忽視人類心理狀態的培養。

積極心理學關注的是人類的美德、優勢、潛能和正面的力量，面對普通人身上存在的一些困惑和缺點，不會輕易下結論為心理不健康或心理疾病，它用科學實證的方法引導人們去學會快樂、學會幸福。

在研究方向方面，積極心理學主要研究最普遍的案例，比如人為什麼會那麼快樂、幸福、滿足？重點在於關注正面，發

掘積極能量，創造幸福。

傳統心理學主要研究病理個案，比如人為什麼憤怒、焦慮、沮喪？重點在於關注負面，去除負面，探討的問題是「為什麼有失敗的人？」

生病時需要求醫問診，這個道理大多數人都明白，因為人人都會出現身體疾病。而醫生診斷一個人生理疾病的手段，往往是透過量體溫、測血壓、驗血等一系列數據指標來確定患者的病因。

我們的思想和精神也會出現問題。我們的精神會出現感冒，還會出現心理免疫功能下降。很遺憾的是，要確認心理是否出現問題時，卻找不到類似於「量體溫和測血壓」這種測試。心理問題的確定過程很複雜，有些真正的心理問題沒有檢查出來，有些沒病也可能查出有病，而有些行為異常的人，還會被隨意診斷為患有精神疾病。

例如，在晴天澆花，人們會認為很正常；如果在下大雨，這個人還是拎著水壺澆花，那麼人們就會認為他的行為很古怪，是一種異常行為。嚴重者，甚至會被認為精神有問題。

怎麼能讓正常人生活得更好、更幸福呢？

積極心理學的目標就是去改變心理學狹隘的關注點，不僅幫助人們在應對當前的遭遇，而且還幫助人們建立樂觀的情緒，以及積極的心態。

我們將生命的能力範圍以座標的形式定在負十到正十之間。傳統心理學在面對你的時候，會說：「你現在的狀態不太好，處於負八，你有這樣或那樣的問題，我們會幫助你解決問題，讓你走向零的正常能力。」而積極心理學則會說：「你有很多優勢和潛能，你目前處在正二，我們會幫助你提高到正六或正十。」積極心理學引導人們去關注正能量，進一步培養人們積極情緒。

用簡單的一句話來總結積極心理學的核心思想，就是「一個中心、三個基本點」。

一個中心：以研究人的幸福為中心。

三個基本點：積極情緒、積極人格特質、積極社會組織系統。

如今，更多的人們開始關注心理健康問題、渴望幸福心理的幫助。一個迎接正面思考的時代來臨了，充滿正能量的積極心理學已經成為國際心理學界的主流，成為廣大民眾的福音。

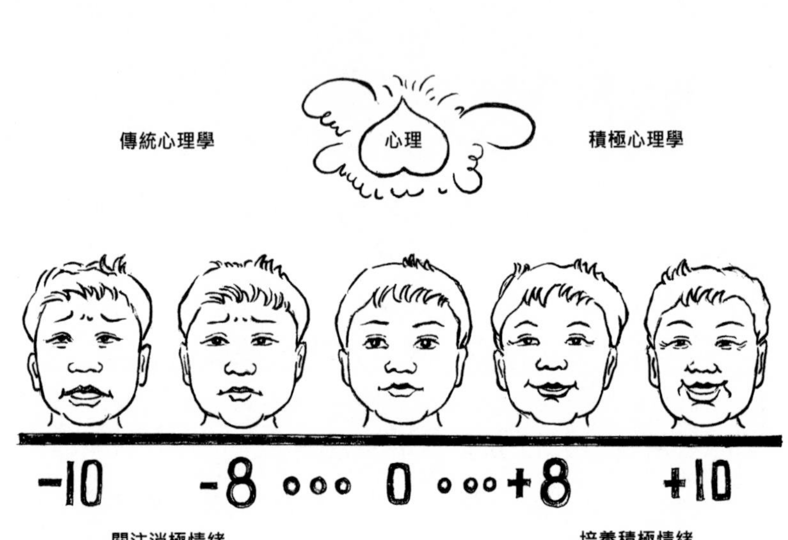

黃建勛繪製

「幸福可以透過思想訓練而獲得」，從今天開始，就讓我們一起來學習積極心理學，做一個擁有幸福能力的人。

積極心理學的核心就是建立正面思考；正面思考就是凡事往好的方面想。

第二章　活在當下

活在當下

活在當下，這是一句耳熟能詳的話，但是，真正能夠說明白、做得到的人卻不是很多

那麼，什麼是「活在當下」呢？

曾經有一個人去請教一位禪師：「師傅，什麼是『活在當下』？」

師傅回答道：「吃飯就吃飯，睡覺就睡覺，這就是『活在當下』。」

吃飯就是吃飯，睡覺就是睡覺，說起來容易，理解和應用起來卻不容易。

> 有位女孩，考試時總是習慣性的恍神，做作業時，常會想到一些心煩事，結果影響了學習，情緒也變得很焦慮，家長和她自己都很擔心。
>
> 女孩對我說：「我認為自己並不消極，有時候還表現得很樂觀，可是那些亂七八糟的煩惱事總是攪得我心神不定。」
>
> 我對她說：「你沒有活在當下。」
>
> 「活在當下？」女孩一臉的迷茫。

第二章　活在當下

怎麼將「活在當下」這個概念講解得更加簡單易懂呢？看著女孩，指著她的手錶，我問道：「手錶是做什麼用的？」

「看時間的。」女生回答。

「時間反映的是昨天，現在，還是明天？」

回答：「是現在。」

「『現在』意味著什麼？請你用四個字來形容一下『現在』。」

女生很聰明地回答：「此時此刻。」

「好，今後，你手錶的名字就是此時此刻。如果你做作業時無法專心，考試時候恍神，請看一看你的手錶，記得你要關注的是此時此刻，做好當下的事情。考試就是考試，讀書就是讀書，睡覺就是睡覺。在哪裡，就做好哪裡的事情。」

睡覺時，頭一落枕，滿腦子的心思，一堆事放也放不下，怎麼能不失眠呢？吃飯時談工作，吃不香；工作時分心，做不好。在該做正事時，不能專注於此時此刻，一心二用，事情沒做好，煩惱卻增多，如何幸福呢？

我們有多少人能做到吃飯就是吃飯，睡覺就是睡覺呢？

一心一意

一心一意，心想事成；一心二用，事倍功半。

大家都知道登山、賽車、馬術比賽都是危險係數較高的冒險活動。在活動進行時，參與者必須要全身心沉浸當下，精神處於高度集中，完全從時間、煩惱中解放出來，這是一種全力以赴、活在瞬間的極致狀態。如果有一秒鐘沒活在當下，就有可能面臨死亡的危險。

一九九〇年代，克里斯多福·李維（Christopher Reeve）因為在電影《超人》中扮演超人而一舉成名。但沒多久，一場大禍不幸降臨在他身上。

一九九五年五月的一天，李維在維吉尼亞一場馬術比賽中發生了意外事故。他從馬背上向前飛了出去，頭部著地，導致第一及第二頸椎全部折斷。

事後李維提及出事的原因時，說道：「從馬背上摔下來，其實是因為我有半秒鐘的分心，心思沒有在當下。」因為這半秒鐘的分心，他終身遺憾，在輪椅上癱瘓了近十年。但是李維又是一個真正面對當下的人，在面對癱瘓時，李維用微笑迎接生命的曙光，找回了生存的勇氣和希望，李維是現實中真正的「超人」。

活在當下的人，只在意今天，不為昨天的事而煩惱，也不為明天的事而憂慮，簡單輕鬆；活在當下的人，會用積極樂觀的心態迎接正在發生的事情，以平靜淡定的心態面對已經發生和尚未發生的事情。活在當下，會讓人們擁有一個好的心態。好心態決定一個人的快樂和幸福，也決定著一個人的命運。

第二章　活在當下

活在當下，就是專注於此時此刻；一心一意，做好此時此刻的事情。

第三章　做情緒的主人

積極情緒和消極情緒

每個正常人都有兩種情緒：一種是正面的、積極的情緒；另一種是負面的、消極的情緒。

我經常遇到學生提出這樣的問題：「我這個人容易激動，控制不了情緒常發火，覺得自己消極、負面的情緒比較多，王老師，您覺得我這樣是否屬於正常？」

大家都知道，每個人都擁有七情六慾這樣的心理狀態，它是一個人與生俱來的心理反應。在《禮記》中，七情是指喜、怒、哀、懼、愛、惡、欲；按《呂氏春秋》的觀點，六慾則是指由生、死、耳、目、口、鼻所生的慾望。

不論如何定義，在七種情緒中，除了「喜」是正面情緒，其他的六種情緒都是負面的。所以說大多數人，生來就是負面情緒比較多。

我們與生俱來的負面情緒又是如何產生的呢？為了幫助大家了解情緒的起源，我編撰了一個場景故事。讓我們跟隨時光倒流，回到很久很久以前，去想像以下場景。

在數萬年前，當時的地球無論是自然環境還是生存環

境，都相當惡劣，完全無法與現在的生存環境相比較。當時的人們懼怕野獸的襲擊、擔憂食物的來源、躲避天災的禍害，在沒有任何醫療條件的情況下，要忍耐疾病的折磨，同時還要面對地震、洪水、冰霜，以及各種不可預測的自然災害，所以在當時的生存環境下，能活下去，才是人們唯一的選擇。

面對如此惡劣的生存現狀，人們戰戰兢兢地活著，需要小心翼翼地過日子，看到猛獸要逃跑，找不到食物要積極解決，否則就會因為飢餓而失去生命。在這種情況下，消極和保守的負面情緒，比如說悲觀、擔心、憤怒、恐懼、焦慮等一系列消極情緒都獲得了產生的優先權。

在人類的情緒進化中，優先產生的是負面情緒。在之後人類漫長的進化過程中，人們逐漸形成了大腦偏向於負面思考的心態。這樣一代又一代的遺傳，促使人們的大腦習慣性負面思考，甚至常常在人們還沒有意識到的情況下，那些悲觀、保守的消極情緒就自然的滋生了。

現在我們知道了，為什麼大多數人的天性中負面的、悲觀的情緒比較多。負面情緒比較多絕不是我們的錯，而是我們的祖先在早期進化過程中留給我們的。那麼積極情緒又是如何產生的？

當我們祖先的生活有了富餘——今天出去打獵，收穫一隻小兔子，第二天出門又捕獲一隻小山羊，第三天又獵到一隻梅花鹿，這個時候，我們的祖先會高興得手舞足蹈。其實舞蹈最初的起源就是人們在表達自己豐收和快樂時的一種情緒。生活好了，心情不一樣了，於是我們的祖先又產生出許多積極情緒。所以說積極情緒一定是在消極情緒之後出現的。

消極情緒，使人類活下來，生存得以保證；積極情緒，使人類的生活變得更好、更快樂和更幸福。

小心謹慎的基因

英國生物學家赫胥黎（Thomas Henry Huxley）在《進化論與倫理學》一書中提到「物競天擇，適者生存」。意思是指：各種生物互相進行生存鬥爭，由天（自然）來選擇，適應自然變化就存活，不適應的就滅亡。達爾文（Charles Robert Darwin）在《進化論》中提到：進化是萬物在優勝劣汰的競爭中變異、遺傳和自然選擇的發展過程。那些生存下來的適者們又是如何在進化中遺傳和選擇呢？

有一天，兄弟倆一同外出去打獵。這兄弟倆，哥哥性情魯莽，弟弟則生性謹慎。當他們走進一片從未見過的灌木林時，發現前面有一棵樹上長著鮮紅的果實。這時兄弟倆都很餓了，哥哥二話不說，便爬到樹上就摘下誘人的果實，扔進嘴裡，大吃一頓，感覺真是太美好了；而弟弟很謹慎，他對於沒有吃過的東西，不敢吃，嚥著口水，摘下一些果實放進了他的草編袋。

過了一會兒，他倆又走到一個山洞前，黑漆漆的山洞，陰森森的，看上去很嚇人，弟弟不敢進去，哥哥可是不管三七二十一，衝進洞裡就轉了一圈。還好，裡面除了幾塊骨頭也沒有別的東西。在回家的途中，草叢中傳出奇怪的聲音，沙沙作響，哥哥完全不在意，大膽的繼續往前走，沙沙的怪聲隨後也就不見了。

第二天早上，看見哥哥平安無事，弟弟才將草袋裡的果實拿出來嚐了一下，哇，味道不錯嘛，於是弟弟又回到那片灌木叢中採集了一大筐果實，回到家裡飽餐了一頓，真是舒服極了。

顯然，這兄弟倆，哥哥是想吃就吃，想做什麼就做什麼，沒什麼害怕的，也不去在意會發生什麼危險。但是，事實上，在當時的生活環境下，哥哥能夠存活下來的機率是非常低的。可以說，哥哥的魯莽固然很過癮，可是一不小心就會面臨死亡。假如那些鮮艷的果實是有毒的，假如那黑漆漆的山洞裡有一隻老虎，假如沙沙作響的草叢裡有一條毒蛇，那麼哥哥只要犯一次錯誤，其結果就是一命嗚呼。

黃建勛繪製

在人類的長期發展過程中，人類小心謹慎、防患於未然、提前擔心事物會有不好結局的心態，促使負面情緒不僅得到產生的優先權，並且一代又一代的遺傳下來。像弟弟這樣謹慎的人，是比較容易生存下來的。從達爾文進化論的角度來看，弟弟是適者，弟弟小心謹慎的天性更具有生存的價值。

「物競天擇，適者生存」，其實競爭的就是基因。我們大多數人都是謹慎弟弟的後代，遺傳的都是小心謹

慎的基因。

幸福基準線水準

經常會遇見這樣的問題：「我這個人天性悲觀，負面情緒就是多，我很難學會樂觀，我對自己沒有信心，您說我該怎麼辦呢？」積極心理學如何面對這種問題呢？如何幫助那些天生具有悲觀情節的人，讓他們學會快樂，獲得更多的幸福呢？

積極心理學在研究中發現，我們每個人都擁有一條與生俱來的幸福基準線，這是由我們的基因所決定的。每個人都會因為出生環境、生活經驗，以及受遺傳基因等因素的影響，擁有屬於自己衡量幸福感程度的基準線。這幸福基準線在我們三歲前就大致確定了。

有的人天生就比一般人的幸福基準線高，也有的人天生就比他人的幸福基準線低，但無論每個人的生命中發生過怎樣的刺激性事件，我們大多數人最終都會逐漸回歸到自己的幸福基準線。

一個人的個性中，有百分之四十是由基因遺傳決定的，百分之十是由環境決定的，百分之五十是由後天教育、個人努力因素等形成的。一個人的個性中有百分之六十是可以改變的空間，有百分之六十的機會能提升自己的幸福基準線高度。

我們一般用十分制來給人的幸福基準線評分。某個天生幸福基準線高度比較低（比如為三）的人，最近他很幸運地中了大獎，這是一件很令人開心的事情。在獲獎之後的三個月中，他的幸福基準線高度從過去的三提高到七或八，但是半年以後，他的幸福基準線高度依然回到了過去的三，回到他自身的那非常悲觀或者不樂觀的狀態。

同樣，另外一個幸福基準線相應比較高的人，他的基準線高度為七，結果這個人不幸地遇到了車禍，甚至可能需要截肢了，這個人很難過。在未來三個月裡，他的幸福基準線高度也會極速下降，下降到三左右。但是過不了多久，這個幸福基準線原來較高的人，很快就會恢復到五、六或者七的狀態。

學習積極心理學的方法能夠幫助我們獲得什麼？

積極心理學能幫助我們透過學習幸福的方法，學習積極心理學，獲得個人幸福基準線的提高、社區和團隊整體幸福能力的提高。

如果說過去你的幸福基準線高度在三，學習了積極心理學的知識、觀點，擁有了幸福的能力，你的幸福基準線高度可能就會提高到六、七或者八。如果這個時候再碰到不幸事件，可能會回到原高度，但是在不長的時間裡，你很快就會恢復到七的幸福基準線高度。這就是學習積極心理學的奧妙所在，也是讓我們獲得長久幸福力的一個秘密。

無論我們自身的幸福基準線高度是如何，在生活中都會自然而然的流露出各種情緒：高興時大笑、傷心時流淚、驚恐時害怕、憂慮時憂鬱、厭惡時反感。當我們遇到難過的事時，可以哭泣，把悲

傷的情緒釋放出來；遇到煩惱和不開心的事情時，也可以生氣，只是內心要有一個尺度，並擁有讓幸福基準線回升的能力。

容許自己在生活中做一個真實的人，每個正常人都會有悲觀和不開心的時候，只是不要讓自己在負面情緒中停留太久。

心態決定命運

有位哲人說過這樣一句話：人不能選擇命運，但可以選擇心態；有什麼樣的心態，就有什麼樣的命運。什麼是心態？心態是指一個人對事物發展的反應和理解。簡單一點說，心態 = 性格 + 態度。

性格是一個人獨有的個性特徵，一般是透過一個人的言行舉止表現出來。形容性格的詞語有內向、外向、英勇、剛強、懦弱、粗暴等等。態度是一個人對客觀事物的心理反應。面對同樣的事物，不同的心態會表現出不同的思想狀態和解釋觀點。

每個人基本上會有兩種心態。一種是正面的、積極的心態，另一種是負面的、消極的心態。針對哲學家所說的「心態決定命運」，心理學家和動物學專家聯手，透過實驗來驗證這句話是不是真的具有哲理。

心理學家和動物學專家聯合起來做了一個有趣的對比實驗——「態度效應」。

他們選了兩隻性格完全不一樣的黑猩猩，一隻性情溫順，另一隻則性格暴烈。實驗人員將兩隻黑猩猩分別放在兩個格局完全相同的房間裡，每個房間的牆壁四周都鑲滿了鏡子。

性情溫順的黑猩猩，一進到房間裡，就表現得很開心。牠高興的對著鏡子裡的黑猩猩友善的打招呼，鏡子裡的「同伴」也對牠報以友善的態度，於是這隻黑猩猩很快就和鏡子裡的同伴們打成一片，奔跑嬉戲，彼此和睦相處，關係十分融洽。三天之後，當這隻黑猩猩被實驗人員牽出房間時，牠還戀戀不捨地看著鏡子裡的黑猩猩。

另一隻性格暴烈的黑猩猩，從進入房間的那一刻起，就被鏡子裡面的「同類」那副兇殘的態度給激怒了，於是這隻黑猩猩就與這些新的「同伴」不停地進行著追逐和厮鬥。三天後，這隻黑猩猩是被實驗人員拖出房間的。因為這隻性格暴烈的黑猩猩早已在氣急敗壞的打鬥中心力交瘁而死了。

那隻性格溫順的黑猩猩，完全沉浸在一種積極的情緒中，表現出的是欣賞、歡樂和喜悅；而那隻壞脾氣的黑猩猩，對著鏡子狂擊亂打，就如同手中揮動著一把大鐵扇，將牠內心憤怒的火焰越煽越高，促使血壓升高、肌肉緊張，結果在不停的搏鬥中，把自己給累死、氣死了。

黃建勛繪製

「態度效應」的實驗驗證了那句話：事情（環境）沒有好壞，完全取決於你以怎樣的態度去應對；你處理事情的態度，決定著事情最終的結果。

「你的心態就是你真正的主人。」學會控制自己的情緒，你就是自己命運的主人。

樂觀的骨牌效應

大家可能都聽說過「多米諾骨牌」。「多米諾骨牌」是義大利的傳教士多米諾 (Domino) 先生發明的，他把自己精心製作的「骨牌」作為珍貴的禮物送給心愛的小女兒。隨後「多米諾骨牌」這個遊戲就逐漸流行起來，風靡歐洲，成為一種很高雅的活動。

後來人們將這以最小的力量引起一連串的連鎖反應，引發翻天覆地變化的現象，稱為「多米諾骨牌效應」或「多米諾效應」。

樂觀的心理作用它也會有一種「多米諾骨牌效應」：如果把念頭比作一張牌，一個正面思考的念頭就是一張樂觀的牌，第二個念頭樂觀，再傳遞給第三個、第四個，隨後的念頭都是樂觀的，引發的就是「樂觀的多米諾骨牌效應」。

樂觀情緒是可以傳遞的。一分鐘樂觀的情感會傳遞一分鐘樂觀的情緒，會導致下一分鐘的樂觀，並影響到再下一分鐘的喜悅感覺和樂觀情緒的延續。

大家知道影印機吧，我們放一張笑臉的照片，按鍵影印十張，影印機就會影印出十張笑臉。我們的大腦也會記憶笑臉，就像一台高速影印機，複製笑臉。

生活就像一台影印機，樂觀的人複製自己的笑臉，悲觀的人複製自己的哭臉。所以說，快樂是自己找到的，煩惱也是自己尋來的。

樂觀會讓人感到快樂，悲觀會讓人感到無助。

第四章　煩惱是自己尋得

喜歡自尋煩惱

有句話說得很有意思：沒吃飽，人只有一個煩惱；吃飽了，人就有無數個煩惱。人是不是喜歡自尋煩惱呢？有一位心理學家針對「煩惱是自找的」這個話題，做了一個「意味深長」的實驗。

他在一個週日的晚上召集一群自願者，要求他們在未來的三週裡把自己認為將要發生的、所有能夠想到的煩惱都寫下來，然後放進一個「煩惱箱」裡。

三週過去了，這位心理學家在所有參與實驗的人們面前打開了那個「煩惱箱」，請在場的每個實驗者逐一核對自己的「煩惱」，查看一下這些煩惱是否在過去的三週裡困擾了自己，結果發現，其中有百分之九十的煩惱根本就沒發生過。

心理學家又要求大家，把剩下的那百分之十的煩惱寫在一張字條上，重新裝入信封放進紙箱中，並請大家在之後三週的時間裡思考一下解決煩惱的方法。三週後的又一個星期日，心理學家當著大家的面再次打開箱子後，實驗者們發現自己那百分之十的煩惱已經不再是煩惱了。

第四章　煩惱是自己尋得

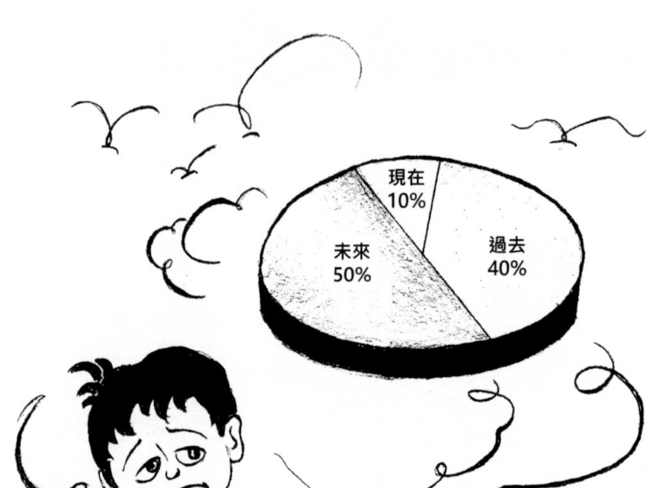

黃建勛繪製

心理學家經過多次實驗總結了這樣一個道理：一般人的憂慮和煩惱，有百分之四十是屬於過去，有百分之五十是屬於未來，只有百分之十是屬於現在。而百分之九十的憂慮和煩惱，在當下從來沒有發生過，剩下百分之十的煩惱，則是一般人能夠輕易應付的。

這個實驗也證實了「煩惱是自己尋得」這句話。自尋煩惱，其實就是拿昨天和明天的事情來折磨自己；只有積極的情緒才能給生活帶來更多的美好。

煩惱是自己尋得，快樂是自己找到，幸福不幸福，自己來做主。

積極情緒讓生活更美好

自尋煩惱、負面情緒比較多，是老祖宗留給我們無法改變的事實。我們無法改變昨天的歷史遺留，但是，並不是不能去改變今天的現狀。

積極心理學帶給人類最大的貢獻之一，就是透過正面思考的力量，來幫助人們改變消極心理，增加更多的積極情緒。

有人說：「我知道自己不應該自尋煩惱，需要多點積極情緒，可是我的腦子裡似乎總有一個『喋喋不休者』，一會說東，一會說西，說的東西總是消極的多積極的少。事情還沒有發生，我就會聯想到不好的結果；我內心的那個『喋喋不休者』總是喜歡抱怨，總是對不好的事情耿耿於懷，對不開心的事情記憶猶新⋯⋯」

心理學家在研究中也發現了這樣的現象：一個人的大腦中，平均每天會有四五萬個想法浮現又消失。人們清醒的時候，大多數時間都是在內心與自己默默進行著對話。內心的對話常常是負面想法比正面想法多。

心理學家南迪．內森 (Nandi Nelson) 說：「一般人的一生平均有十分之三的時間處於情緒不佳的狀態。」因此，人們常常需要與那些消極的情緒鬥爭。

從遠古時代開始，我們聰明的祖先們，在解決了溫飽問題之後，便開始尋找一些積極和良好的感覺，慢慢地體會到了喜悅的心情，為了生活得更好、更開心，於是又逐漸進化出更多的

積極情緒。

積極情緒這粒燦爛的種子，讓人們感受到喜悅、感激、寧靜、希望、自豪、樂趣、激勵、敬佩和愛。

積極情緒改變了我們祖先的行為，提高了他們的生育品質和生存概率；積極情緒幫助祖先們在財產、能力和有益的特質上均獲得了發展。

積極情緒這朵美麗的花兒，從一粒種子開始，生長、發育、欣欣向榮地「綻放」，不僅傳遞芳香，還能讓人感受到更多美好的東西；讓人們的感覺更好，生活得更親密、更和諧。

積極情緒讓我們更快樂，誘發更多樂觀的生活態度，給我們帶來開放的思想、舒暢的心情、放鬆的肢體和平靜的面容。

積極情緒讓我們的生活欣欣向榮，消極情緒使我們的生活枯萎凋零。

積極與消極情緒三比一

有人會問：積極情緒要多少才足夠？是不是要徹底消滅消極情緒，人們才是最快樂的？

每個正常的人都會擁有七情六慾。要求一個人去體驗百分之百的積極情緒，是違背和否定人性的，這意味著你要像鴕鳥一樣，把自己的腦袋埋在沙子裡，最終會讓其他人遠離你。

是不是積極情緒越多、消極情緒越少越好呢？事實卻絕非如此，適當的消極情緒會讓你腳踏實地，知道自己是一個正常人。

積極心理學家芭芭拉·弗雷德里克森（Barbara Lee Fredrickson）在《積極情緒的力量》一書中建議：積極情緒與消極情緒的比例是三比一。即，每當你承受一次撕心裂肺的消極情緒，至少需要體驗三次讓你振奮的積極情緒，才能讓你振作。當然，未必是每時每刻，或是每天都達到這個比值，但只要在一週或者是一段時間裡，盡力達到或超過三比一的比值就可以。

在心理諮詢的過程中，我經常遇見一些女孩子，她們陷入負面情緒無法自拔。她們最常用的方法是不吃飯、哭泣、自閉、憂鬱，這些都是笨女孩才做的事。聰明的女孩子，不會因為任何人、任何事而折磨自己。當然，偶爾傻點笨點有必要，人不必時時都聰明。一定要學會承受痛苦，把痛苦當作一次成長的經歷。

聰明的女孩子，會好好地愛自己。即使沒人會心疼你，也要自己愛自己。如果不開心，就找個角落或者在棉被裡哭一下，你不需要別人同情可憐；你要學會控制自己的情緒，也無需隨便跟人發脾氣，要接納自己的不完美。全世界只有一個你，就算沒有人懂得欣賞，你也要好好愛自己。

有人問：「是不是好情緒可以無限增加，沒有上限？」

並非如此，積極情緒並不是越多越好，消極情緒也並非越少越好，積極情緒與消極情緒的比例上限是十一比一左右。擁有十一件快樂無比的事情，哪怕再有一件不開心的事情，你也是一個超級快

樂的人了！

即使是世界上最快樂的人，在失去自己最心愛的人時也會傷心流淚，遇見不公平的事情也會憤怒，面對危險也會感到恐懼，遇見令人作嘔的事也會反胃等等。

無論你的負面情緒有多少，無論你是否認為自己是一個天性悲觀的人、你多麼容易產生消極情緒，都無需太過擔心，積極心理學會幫助我們建立一種為自己打開和關閉積極情緒產生通道的能力。建立積極情緒的關鍵就是培養正向思考的習慣，積極情緒能幫助我們應對生活中的各種壓力和煩惱。

接受自己的不完美，容許自己擁有各種情緒，只是不要讓負面情緒在自己的體內駐留太久。

對自己負責的方法很簡單，就是讓自己快樂起來，擁有更多積極的情緒。活在當下，愛自己，做有益的事情。

第五章　釋放壓力

緩解考試壓力

什麼是壓力？是什麼東西壓在我們的心裡，讓我們那麼沉重？壓力到底是從哪裡來的？又是誰帶給我們的呢？

壓力分為精神與物理兩個領域。精神壓力是指一個人在生活中，需求與付出之間的衝突超過了個人可承受的負荷，所帶來的精神撞擊，是一種強烈的情緒體驗。精神壓力是心理健康的隱形殺手。

在亞洲國家，沒有考試壓力的學生很少。不少人經常會夢到這樣的情境：在考場中面對不會的考題發呆，在趕往考場的路上眼看就要遲到了，考場上的考卷竟然不是自己準備的那門科目……

看來每個從學校出來的人，面對考試，難免都會心有餘悸。如何輕鬆應對一次又一次的考試？怎樣在考場上發揮出正常水準，考出好成績？怎樣才能讓我們的身體和大腦協調一致，真正做到心想事成呢？一起來分享我與一位高中生的心理輔導對話。

學生：王老師，這個月的考試，我獲得全年級第三，很開心。自從認識你後，我變得自信了，這次成績考得這麼好，我很滿意。但是我覺得自己太容易滿足，會不會因為我放鬆了，下次考不好呢？

我：你為何要去顧慮明天還沒有發生的事情呢？

學生：我的習慣就是這樣。每次考試前壓力都很大，經常用擲硬幣來預測自己是否能考好，您別笑我。

我：結果你考試的成績與硬幣和擔憂是一致的嗎？

學生：嘿嘿，那樣我心裡會輕鬆一點，否則夜裡經常失眠睡不著。

我：我們來分析一下這次考試成功的關鍵點有哪幾個？

學生（分析後總結）：一是考試前內心很安定；二是準備比較充分；三是最近找到了自信的感覺。

我：太好了！那麼你接下來要繼續呀！

學生（笑）：可是我又開始思索一個月之後的考試，又習慣性地預測和揣摩，又開始分心去想：假如考不好怎麼辦？想著想著，我又沒自信了。

我：哈哈，上次我們聊到了杞人憂天吧，怎麼覺得有點像你呀？

學生（大笑）：哈哈哈。

我：即使下個月考試中我們退步了幾名，又怎樣？考試失誤只說明我們這一次考試的失敗，而不代表永遠的失敗。容許自己犯點小錯誤，容許我們生為普通人。

學生：哦。

我：目前最重要的事情是抓緊時間準備。你花一分鐘時間去想別的事情，就浪費了一分鐘準備考試的時間。如果十分鐘的準備時間，五分鐘在胡思亂想，結果沒準備好，考試時正好考了那道題。結果怪誰？怪自己吧。在學習時只想學習的事，明天的事情就交給明天。上次，我們談到過專注，專注怎麼解釋？

學生：專注就是只想當下準備考試的事，只花時間用在準備上，不去想別的事，不花精力去思索自己是否能考好，專注此時此刻的讀書時間。

我：太好了。當下我們需要怎麼做？

學生：利用每一分鐘的時間去讀書學習，不去花時間發呆，不去杞人憂天的顧慮考試結果。不想結果，只想著準備和讀書。

我：當下我們最重要的三件事是什麼？上次我提到過的。

學生：一是專注讀書學習；二是愛護身體，保證能夠靈活運用腦子；三是抓緊時間，不浪費時間想其他沒用的事情。

王老師：真好！愛自己就是做一切對自己有好處的事情。提前猜測結局，顧慮考不好，沒進考場就把自己的自信想沒了，就是不愛自己的表現，是很不值得的！

學生：是呀是呀。我知道了，考前緊張是自己想太多，背負的壓力多，心裡就會更緊張，既浪費時間，又破壞心情，

實在不值得。我保證今後專注讀書，忘記不開心和負面的記憶。看來呀，快樂是自己找的，輕鬆也是自己找到的。

快樂源自輕鬆，緊張源於多慮。考前解壓四大法寶：做運動、聽音樂、吃得好、睡得香。

放下馬鈴薯袋

有一天放學時，班導師通知全班同學：「下週一上課時，請每位同學都帶上一個空袋子，同時還要買二十個馬鈴薯到班上來。」同學們一聽，都開始嘀咕：「老師這是怎麼了？讓我們背那麼多馬鈴薯來學校，是老師在出怪招，還是老師對馬鈴薯有特別的喜好呀？」

週一上課時，老師開始宣布這一週的作業：「請各位同學將自己平時不開心的事情都寫在馬鈴薯上，包括煩惱的事情、不願意原諒的人名，以及事發的日期。把寫過煩惱的馬鈴薯都放到空袋子裡，如果馬鈴薯的數量不夠，你們還可以再增加。但是，在這一週裡，各位同學不論走到哪，都必須帶著這個袋子。」最後，老師強調，只要認真去做，就會有奇蹟發生。

同學們都覺得老師出的這個作業挺好玩的。快放學時，很多同學的袋子裡已經放了好幾個馬鈴薯了，他們把自己過去的心事、未來憂慮的事情，一件一件都寫在馬鈴薯上，還發誓不原諒那些「對不起」自己的人。

在之後的幾天裡，同學們按照老師的要求，無論是在學校裡，還是放學回家，甚至和朋友外出時，都扛著這個馬鈴薯袋子。週末，裝馬鈴薯的袋子開始變得相當沉重，有些同學已經背了近三十個馬鈴薯，快把自己給壓垮了。同學們已經不再盼望發生什麼奇蹟了，都眼巴巴地等待這項作業快點結束。

週末了，老師開始總結本週的作業：「同學們，你們整天背著這個馬鈴薯袋子，感覺怎麼樣？」同學們紛紛回答：「感覺太重了，肩膀都壓紅了……」

老師接著問：「大家從中發現什麼奇蹟了嗎？」教室裡鴉雀無聲。

老師繼續說：「不肯忘記不愉快的事情，不肯原諒他人的過錯，就是壓在你們心裡的馬鈴薯。每天心裡背負著這麼多馬鈴薯，肯定很累，肯定心煩，我們不肯原諒的人越多，背負的擔子就越沉重。請同學們想一想，擺在大家面前的這一大堆馬鈴薯，應該怎麼處理呢？」

不少同學都喃喃地說道：「徹底丟棄它、不再背著它。」

其實，生活中很多的不快樂就是源於我們緊抓著「馬鈴薯袋子」不放。今天的煩惱，是我們自己不願意放棄昨天的記憶造成的，與他人無關。

到底什麼樣的人最容易與焦慮和憂鬱結伴？心理學研究的結果是：那些活在煩惱回憶中的人，對未來的事情顧慮重重的人，是最

第五章　釋放壓力

容易與焦慮和憂鬱結伴的，是最容易讓心理疾病潛入心境的。

這個世界上，沒有放不下的東西，關鍵在於你是否願意放下。情緒壓力也是一樣。

黃建勛繪製

第六章　樂觀解釋風格

「沒心沒肺」的樂天派

樂觀是一種積極的性格特徵，也是一種生活態度。樂觀的人無論在什麼情況下，都會保持良好的心態，並堅信：壞事情總會過去，陽光總會再來。

樂觀有兩種不同的形式：一種是氣質性樂觀，這是一種人格特質，與遺傳基因有關；另一種樂觀的解釋風格，是後天可以學習和掌握的。

氣質性樂觀，就是我們常說的「樂天派」，痛苦煩惱遺忘快，小孩是最典型的代表；「樂天派」常常會被稱為「沒心沒肺」。

美國第四十任總統隆納·雷根（Ronald Wilson Reagan）生前最喜歡下面這樣一個故事。

> 一位父親有一對五六歲大的雙胞胎兒子，兩個孩子個性截然相反，一個樂觀、一個悲觀，父親帶他們去看心理治療師，希望能醫好他們的毛病。
>
> 心理治療師將過分悲觀的小孩帶到一個裝滿了各式各樣玩具的房間，讓他盡情地玩，希望能使他快樂一點。不久之後，父親和心理治療師打開了房門，卻看到悲觀的小孩雖然滿

手玩具，卻仍然哭紅了眼睛。他們問他為什麼難過？小男孩回答：我怕有人偷走這些玩具。

心理治療師接著把過分樂觀的小孩送進一個堆有馬糞的房間，希望能幫他調整一下過分樂觀的個性。不久之後，心理治療師和父親打開房門，以為會看到一個愁容滿面的小孩，卻看到小男孩坐在馬糞堆上，拚命往下挖掘，神情非常興奮。於是問他為什麼這麼高興？小男孩說：「有馬糞就表示一定有一匹小馬，我要找到這匹小馬。」

雷根經常引用這個故事的名言 —— 「這裡一定有匹小馬」。希望這個故事能勉勵同胞，即使人生如糞土，也不要失去信心和樂觀的個性。因為在人的一生中，總會有你喜歡的小馬，你的樂觀會助你心想事成。

「這裡一定有匹小馬」是一個典型的氣質性樂觀的案例。

提到蟑螂，不少人會想到歌手 TANK(呂建中) 的那首歌曲《蟑螂小強》，歌詞中有這樣一段話：「因為我有某種的不平凡，像在角落等待機會的小強，我們是一隻打不死的蟑螂。」

下面的笑話中樂觀的「小強」，就是一個典型的樂觀型解釋風格。

蟑螂家的兩個兒子性格不同，老大悲觀，弟弟樂觀。一天老大哭著對父親說：「生活還有什麼意思，別人都說我是害蟲。」這時，弟弟回來了，高興地對父母親說：「別人對我真好，見到我都和我打招呼 —— Hi，蟲！」

兄弟倆性格不一樣，看待問題的角度不一樣，解釋問題的方法也不同，獲得的結果自然是完全不一樣的。為什麼在生活中遇見絕望或痛苦的時候，有些人能夠很快恢復情緒，而有的人卻總是垂頭喪氣，久久不能脫離困苦的心境呢？

積極心理學的發起人馬丁·賽里格曼（Martin E. P. Seligman）教授用樂觀解釋風格證實了其中的緣由。

即使人生如糞土，也不要失去信心和樂觀的個性。

樂觀是一種解釋風格

馬丁·賽里格曼教授認為樂觀是一種解釋風格，而不是一種普遍的人格特質。每個人在面臨失敗和挫折時，都會習慣性地將問題歸咎於外部力量，或者歸咎於自己。

具備「樂觀型解釋風格」的人，會把失敗解釋成暫時性的：「我這次沒做好，並不是每次都做得不好」、「我只是這件事沒做好，但在其他方面還是挺優秀的」。樂觀解釋風格的人會認為失敗和挫折只限於此時此地。

「悲觀解釋風格」的人呢？在遇到不愉快的事情時，會認為：「這是我的錯」、「我就是一個很糟糕的人」、「我很笨，我做什麼都不行」。

樂觀的解釋問題是不是一種無知的盲目樂觀？當然不是，具備

樂觀解釋風格的人，更樂意去關注好的方面，願意花精力去經營自己的優點，不會輕易把自己的過錯看成是自己的能力不行。他們會努力去改變現狀，爭取做得更好，而不會在壞情緒和事情中深陷太久。

而悲觀解釋風格的人會把失敗和挫折歸咎於長期的或永久的因素，或歸咎於自己，並認為這種失敗和挫折會影響到自己所做的其他事情，於是就給自己貼上了一個消極的標籤。所以悲觀型解釋風格的人更容易壓抑，常常會深陷消極情緒當中難以自拔。

如何幫助人們減輕負面情緒，消除憂鬱和焦慮呢？如何改變悲觀解釋風格，幫助那些被認為「命中注定不快樂的人」，透過學習，變得樂觀起來呢？

心理測試ＡＢＣＤＥ

美國著名心理學家亞倫．特姆金．貝克（Aaron Temkin Beck）是認知療法的創立者。貝克在一九六〇至一九七〇年間運用認知模式對憂鬱症的治療有著輝煌的成績。

貝克先生在長期研究憂鬱症的過程中發現，多數人的憂鬱都是由當事人不正當的信念所引起；只有改變了這種信念，對自己不合理的信念（思考方式）進行辯駁，一個人的憂鬱狀態才能得到改善。於是貝克就和臨床心理學專家艾利斯（Albert Ellis）一起創造了認知療法模式，就是情緒ＡＢＣ理論。

隨著積極心理學的深入研究和發展，為了更好地幫助百分之九十五的健康人解決情緒困惑和心理疑難問題，生活得更好更幸福，積極心理訓練的理論隨之誕生了。

馬丁·賽里格曼教授與霍隆和弗里曼兩位認知心理治療大師將ＡＢＣ理論轉化成一種適合普通人使用的心理訓練項目——ＡＢＣＤＥ理論，幫助人們在面對不愉快的事情時，透過樂觀解釋風格的方式，將自己習慣性的負面思考轉為正面思考。

ＡＢＣＤＥ理論的具體使用方法如下。

A　當人們面對不愉快的事情（Adversity）時，會習慣性地感到無助，覺得自己不行、做不到、很笨，這時負面情緒開始產生和蔓延。

B　人們開始認為自己無法改變現狀，於是形成了負面思考的信念（Belief），隨之會感到沮喪、無奈，面對現狀，覺得自己無可奈何，心情糟糕至極，負面情緒繼續升級。

C　接著會自動認為，無論自己遇見什麼事情，最終都會有不好的結果（Consequence），於是開始全盤否定自己，認為自己一無是處，情緒變得更加糟糕，完全被負面情緒包圍。

D　要改變現狀，最好的工具是反駁（Disputation），進行多管道和多角度反駁，讓自己建立積極信念和正面思考的習慣，使積極信念成為主導，讓積極情緒替代消極情緒。

E　當自己擺脫悲觀消極的信念時，再透過激勵(Energizing)，給自己加油鼓勵，強化自己的正面思考，將負面信念轉為正面思考，讓自己全面沉浸在積極情緒之中。

今天早上有個會議，老闆反覆強調必須準時到公司。當你急急忙忙趕到車站時，眼看著公車開走了，於是你的負面思考開始怪罪自己了，內心那個「喋喋不休者」一直在貶損你：「今天運氣真差，看看自己有多倒霉呀。」於是一氣之下，你索性決定不去上班，今天回家裝病，請病假。

這時如果你內心那個「喋喋不休者」發出另一種聲音，對你的負面情緒提出反駁，提醒你不要著急，想想是否有解決問題的辦法。今天不能遲到，怎麼辦呢？於是你咬咬牙，不坐公車了，改坐計程車，再換乘捷運，結果你按時到達了公司，並且心情愉快地開始了一天的工作。

生活中的不順利、不如意會常常出現。當出現不好的狀況時，要運用正面思考的方法來安慰自己，先讓自己心情平靜下來，不自責、不著急，凡事往好處想，幫助自己找到一種好辦法，並鼓勵自己一定能做得更好。透過這種反覆練習，在遇到挫折時，就有能力將負面思考轉為正面的激勵。

ABCDE 理論在生活中是一種非常實用的自我心理療法。

大家知道，想擁有一副好身材，最好的途徑是去健身。猜想有不少女生都想透過瑜伽等健身項目來實現好身材的夢想，男生們一定也想過健身吧。

假設有這樣一個場景。一天有一位女生興致勃勃地來到健身房，只見裡面有很多正在練習瑜伽的人，這些人身材勻稱，基本功看起來特別棒。看到這裡，這位女生低頭看看自己那圓滾滾的粗腿、隆起的小肚子，於是，大腦中的那個「喋喋不休者」開始說話了：「我幹嘛來這裡，真是太丟人現眼了！她們個個身材都那麼好，腿細腰軟的，我夾在裡面就像兩條腿的啤酒桶，還是趁別人沒有看見我之前，先回去算了。」於是，這位女生只在門口轉了個圈，就跑回家去了。

同樣的場景，另外一個男生平時也是沒有時間鍛鍊，身材也是胖胖的。他看見健身房裡的情景後，腦中的「喋喋不休者」也開始發話了：「瞧，這些健身者的身材怎麼個個都這麼好呀，技術這麼棒，猜想他們一定是花費了很多的時間和精力，這是苦練的結果呀，我應該早點來這裡練習，如果我能像他們一樣堅持練習，相信不久我就能甩掉這一身的肥肉。」想到這裡，這位練習者馬上就走向健身教練去尋求指導了。

同樣的場景，同一個事件，兩個不同的人，採取了兩種截然不同的解釋方法，導致最終的結果完全不同。一個是沮喪地離開，另外一個則是興致勃勃地走進健身房。當然，我們也不難想像隨後可能會出現的結果。

第六章　樂觀解釋風格

叔本華（Arthur Schopenhauer）的一句名言：「事物的本身並不影響人，人們只受對事物看法的影響。」遇見困難時，自然會產生消極悲觀的情緒，這並不能證明我們就是遭遇了不幸，關鍵在於我們如何去看待和解釋眼前的不幸。樂觀解釋風格，可以幫助我們學會最佳的解決方法，幫助我們創造最棒的生活狀態，使我們在面對困難和不幸時，有能力正確處理。

幸福源於一個人內心的樂觀；樂觀是一種能力，這種能力是可以透過學習獲得的。

解語

人生不如意十之八九，沒有人能保證自己一輩子都事事順利。擁有幸福能力的人，不會讓自己在不幸的泥沼中越陷越深，他們會讓自己在苦難中變得更加堅強，並有能力補救生活中最糟糕的事，建立生活中最美好的事。

PART 2　智慧篇
堅定是一種能力

堅定的人，善於發現自我優勢，懂得悅納自我，從一個正面的念頭開始，建立積極的信念；堅定的人，使用積極自我暗示和積極自我意象，讓潛意識的力量更加強大；堅定的人，喜歡當下的自己，接受自己的不完美，堅持修正自我、堅守信念，做最好的自己。

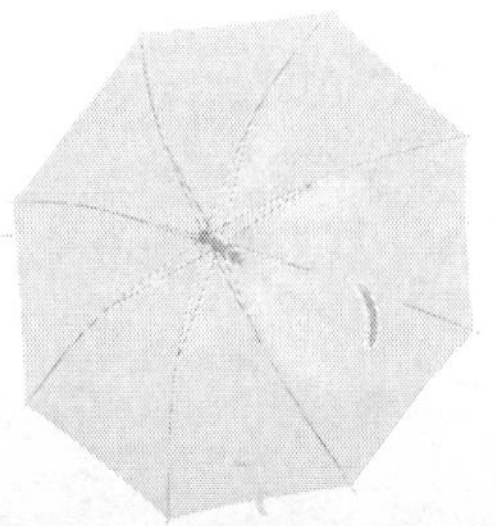

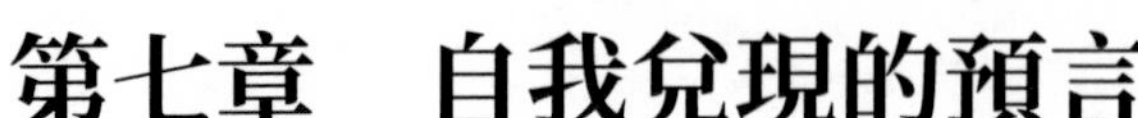

第七章　自我兌現的預言

從一念開始

我在讀國中時有幸閱讀了英國著名小說家和劇作家阿嘉莎·克莉絲蒂（Agatha Christie）的《尼羅河謀殺案》，在書中看見這樣一句話：「你一生中的幸與不幸，就在一念之間。」

當時正處於年少懵懂期，看到這句話，特別受觸動。於是我開始思索「一念之間」到底說的是什麼？為什麼在人的一生中，幸運與不幸運、幸福和不幸福都與一念有關呢？「一念之間」到底對人有多大影響呢？

我開始留意自己的念頭。將念頭中產生的每一個想法都分為好與不好兩種。當時，我並不了解積極心理和樂觀心態這些理論。我劃分好與不好的標準特別簡單：好的念頭就是被老師和家長肯定和倡導過的；不好的，就是被反對和杜絕的。我儘量讓自己按照好的念頭去做，並留意會產生什麼結果。

之後我發現念頭的作用非常巨大。那些在腦海中一閃而過的好念頭，如果你捨得花時間去堅持、不吝嗇精力地去努力付出，好念頭就會成為改變命運的機會。

大家都很熟悉這句話：心態決定命運。在這裡，我卻要說，念頭決定一個人的命運。好的念頭不僅能夠改變命運，還會收穫與眾不同的幸福。

二〇〇二年，我當時是博士研究生。有一次，望著台上導師的風采和魅力，內心充滿對導師的無限敬意。我的遊走念頭中突然閃出這樣一個想法：「我能成為一名老師嗎？像導師一樣，站在講台上？」

之後的念頭：「哦，不可能。」接著的又一個念頭：「十年以後應該可以吧。」

我聽課間無意的走神，隨意產生的一個想法，孕育了我想成為一名老師的念頭，而這個念頭卻像一粒種子種在了我的心裡，成為一個信念、一個預言，這個自我兌現的預言。經過堅持不懈的努力，在第八年的時候，我站在導師曾經進行演講的台上，成了一名老師，台下坐滿了學生，還有前來為我捧場的導師，我實現了自我兌現的預言。

念頭孕育了夢想。念頭是一種信念、一種召喚；一個人要聽從內心的呼喚，並一路堅持去尋找。

夢想可以成為成功的預言

我們每個人都有自己的夢想。什麼是夢想？夢想是深藏在我們內心深處的一個念頭，這個念頭是一種情緒狀態、一份渴望和熱情。當我們把夢想化作內心的一種信念，並激勵自己一路堅持，最

終夢想就成了自我兌現的預言，也就是成功的預言。

佛祖有句話：物隨心轉，境由心生。意思是指事物和環境隨心境在變化，完全是由意念生起的。在許多時候，事物沒有改變，變化的是我們的心態，我們的念頭造就了當下的世界，也創造了我們未來的世界。

有這樣一個古老的故事。

在一個工地上，有三個工人正砌著一堵牆，路過的人問道：「你們在幹什麼呀？」

第一個人說：「我們在砌牆呀！」

第二個人抬了抬頭說：「我們在蓋房子。」

第三個人笑著說：「我們正在建造一座城市。」

十年後，第一個人在另一個工地上砌著牆；第二個人坐在辦公室裡，他是工地管理人員；第三個人呢，正畫著圖紙，他成了工程師。

三個原本境遇相同的人，對一個問題的三種不同的回答，展現了他們不同的人生夢想，也創造了他們不同的未來。

夢想是什麼？夢想是我們一直想要成為的那個樣子。關鍵是，你決心要走哪條路、想成為什麼樣的人、準備怎樣行動。心有多大，夢想有多遠，就能走多遠。夢想在很大程度上決定著我們將成為怎樣的人。

夢想成真是這樣的：念頭孕育夢想，夢想生成信念，信念就是自我兌現的預言，信念決定著我們的生活和事業有多好或有多糟。

當我們擁有一個夢想的時候，不該只是想，而是去做。實現夢想的一雙翅膀是目標和行動；相信夢想並堅持飛翔，最後收穫的就是夢想成真。

自我兌現的預言

「自我兌現的預言」是一個心理學概念。當你對一件事進行預言或者解釋之後，往往會把事情的發展按照自己預言和解釋的方向推進，結果預言就這樣兌現了。

「自我兌現的預言」也被稱為「自我實現的預言」或「自證預言」。

自證預言是由美國社會學家羅伯特·金·默頓（Robert King Merton）提出的一種社會心理學現象，是指人們先入為主的判斷方式，無論正確與否，人們總會在不經意間按照已知的預言來行事，最終令預言發生。

比如說，你對某人的印象：此人特別小氣。於是，你就會專看他小氣的缺點，無論他在說話，還是在做事，你都會覺得他很小氣，而不看他大方的一面。

同理，當我們渴望某一件好事發生時，就會主動去找尋符合我們期望的正面訊息，而那些正面訊息又誘發我們找尋更多的正面訊息，使我們變得越來越樂觀、自信，行為上也變得更積極，也增加

了成功的機會。相反地，如果我們越擔心壞事的發生，便越會留意周圍不利的資訊，不利的資訊越多，我們的心情就會越焦慮不安，行動便越來越消極、被動，最後更容易誘發壞事的發生。

比馬龍效應

比馬龍是古希臘的一位雕塑家，他成年後一直想找個理想中的女人結婚。他在雅典城裡尋找，沒有找到，然後擴展到整個希臘帝國，也沒有找到，之後去帝國之外尋找，還是沒有找到。於是他就返回雅典，對自己說：「我不再尋找賽普勒斯的女子了，我要雕一座塑像。」

於是比馬龍開始夜以繼日的工作，把全部的精力、熱情和愛戀都賦予了這座雕像。作為雕塑家，他將自己內心最完美的女人形象凝聚在這個雕像中。當他完成雕塑時，靜靜地注視著這個美麗的女人，他一邊像對待自己的妻子那樣撫摸著她，一邊向神乞求，讓她成為自己的妻子。看著眼前這個美麗的女人只是一尊雕像，比馬龍被傷心的情緒所淹沒，忍不住嚎啕大哭，哭聲將眾神之王宙斯和雅典娜都感動了，於是他們賜予這個完美的雕像女人以生命，並讓他們結為夫妻。之後的故事與所有美好的結局一樣：從此他們過上了幸福的生活。

這就是「比馬龍效應」一詞的由來。後來「比馬龍效應」也常被用來指「期待效應」。期待效應也是一個心理學概念，通常是指在人際交往中，一方充沛的感情和較高的期望，會引起另一方微妙而深刻的變化。

黃建勛繪製

第七章　自我兌現的預言

你按一個人現在的樣子對待他，他將會保持他現在的樣子；如果你按他可能成功或應該成為的那個樣子對待他，他將成為他可能成為或應該成為的那個人。

——歌德（Johann Wolfgang (von) Goethe）

羅森塔爾的潛力生實驗

美國的心理學家羅伯特·羅森塔爾（Robert Rosenthal）根據「比馬龍效應」做了一個意味深長的心理學實驗。之後這個著名的「羅森塔爾實驗」也成為心理學最重要的實驗之一。

一九六八年，羅森塔爾和他的助理來到一所小學，假裝對學生進行智力測驗，之後他們就在學生名冊上隨便抄下來一些名單交給老師，並告訴老師：「你們的學生剛接受了一種新的學業測試，叫潛力生實驗。測試能讓我們找出在新學期裡那些最有發展前途的學生。不過這些名單僅供參考，你們不能向學生透露，我們不希望學校有歧視學生的行為，只是想讓你們知道，這些學生有巨大的潛力。這是一項新發明的測試，只要你們知道就好。」

老師面對這份名單時感到很困惑，為什麼？因為名單中有不少學生平時表現平庸，甚至很差。當然老師們並不知道，這些所謂的潛力生，或者潛力巨大的學生，是心理學家隨機選的，他們都是普通學生。

老師們對這份出自權威心理學家「嚴格測試」下的名單深信不

疑，儘管他們對這份名單嚴格保密，但是在之後的日子裡，老師們的言談舉止中還是透露出對這些「最有發展前途者」的（包括他們以前認為「程度差的學生」）期待、信任和鼓勵；老師的期望值在不知不覺中給了這些潛力生更多的感情投入。

八個月後，羅森塔爾重返這所學校對名單上這些學生進行「複試」，實驗結果是驚人的：發現凡是在名單上的學生（尤其是那些「程度差的學生」）進步都異常明顯，成績確實突飛猛進，與老師的關係緊密，一個個充滿自信，求知欲旺盛，成績出類拔萃。

這項研究說明了什麼？難道說老師們被愚弄了嗎？還是突然產生幻象了？其實都不是的。是因為之前老師們被一些幻象欺騙了，沒有看到他們眼前的東西，沒有看到每個學生都具有潛力。

羅森塔爾來了，「騙」了老師們，引導老師們開始注意一直就在他們眼前的東西。在這之前，老師忽視了學生身上的潛能。在這之後，老師們突然在這些孩子身上看到了一直都有的潛力。他們欣賞那種潛力，於是孩子們的潛力得到提升。他們澆灌，潛能的種子開始發芽生長。

羅森塔爾的實驗證實了這樣一個道理：教師的期望與評價，是影響學生學習態度和成績的一個重要因素。比如說教師給出「這個孩子生來就是好學生」或「這個孩子生來就不適合學習」這種預言，那麼，預言不但能夠自我應驗、兌現，而且還可以自我延續。

這個實驗是一個經典例子，在近四十年的後續研究中，心理學

家在不同的環境中無數次證明這個理論的有效性。之後瑪法・柯林斯（Marva N. Collins）老師的故事就是另外一個經典的案例。

老師對學生的信念的改變，對學生心理預期值的轉變，讓信念成為自我實現的預言。

柯林斯的積極學習法

在美國教育界有個非常成功的教學案例，創造者就是瑪法・柯林斯女士。

瑪法・柯林斯女士被公認為世界上最偉大的教師之一，她也是美國芝加哥西城預備學校的創辦人，先後有兩位美國總統——喬治・布希（George Herbert Walker Bush）和隆納・雷根（Ronald Reagan）都邀請她出任教育部部長，但是都被她拒絕了。沒有任何一位小學校長能像她一樣，受到總統如此的重視。

瑪法・柯林斯就是透過「積極學習法」為教育界創造了一個奇蹟。

故事發生在一九七〇年代，美國芝加哥的一處貧困區被外界認為是毒品交易頻發、犯罪率高的地區，瑪法・柯林斯這位普通的老師，就在當地如此艱難的環境中創辦了一所學校。學校剛開始建在自家的廚房裡，最初只有四個學生，其中一個還是柯林斯老師的女兒。五年後，這所學校正式註冊的學生達到了兩百人，還有五百多人在候選名單上排隊，來學習的學生都是被公立學校認為即將要變壞的孩子。

又過了幾年，曾被貼上「壞孩子」標籤的黑人孩子們高中畢業後考進了哈佛、耶魯、史丹佛等全美知名大學，大學畢業後他們成為了醫生、律師、建築工程師及其他領域的成功者。假如這些孩子沒受柯林斯的教育，很有可能因受到周圍不良環境的影響而輟學，甚至有可能走上犯罪的道路。

一九七九年，瑪法．柯林斯在接受 CBS《六十分鐘》節目採訪時，談到「積極學習法」。她說：「我教每個孩子去這樣想 —— 我做得很好，我很聰明，我很特別。當他們不守規矩的時候，我對他們的懲罰就是要寫一百個原因，說明為什麼他們棒到要做那樣的事情。而且他們要按字母順序寫 —— 我很可愛、我很漂亮、我很勇敢、我令人快樂、我很興奮、我很厲害、我很棒、我是榜樣、我無與倫比、我很熱情、我很重要、我從不調皮，一直寫到最後一個字母。如果他們再犯，就必須用另一個同義詞，不能再用原來用過的詞。有些孩子甚至會對新學生說：『我們已經厭倦告訴柯林斯我有多棒了』。」

瑪法．柯林斯不斷地對學生重複著這則訊息：我相信你，你能做好，你能成功，承擔生活的責任。停止抱怨，停止抱怨政府，停止抱怨老師，停止抱怨父母，成功與否全在你自己。她對學生們充滿期望，把目光放在他們的優點上，並加以培養。如今我們有多少人懂得使用自我兌現的預言呢？有多少老師知道「教室裡的比馬龍

效應」呢？又有多少老師或家長把關注放在學生的強項上呢？

如果說「假想」可以弄假成真，「預期」能夠促成現實，那麼老師對學生的期待，讓學生建立的信念，就會成為自我兌現的預言。瑪法．柯林斯這位創造教育奇蹟的教育家做到了，她給學生們帶來的是自信，給孩子內心播下了成功的種子。

「種瓜得瓜，種豆得豆」這句話大家很熟悉，如果把信念比喻為我們內心的一顆種子，在心靈的大花園裡，我們就是自己的園丁。我們常自覺或不自覺地，在自己的內心播下信念的種子，決定「種子」品質的好壞的，就是我們習慣性思考的念頭。如果我們的念頭是正面思考，播下的就是「自信、積極和正面」的種子，收穫的就是甜美的果實、正面的能量；如果我們習慣播種負面思考，種下的就是「自卑、消極和負面」的種子，結出的就是帶刺的荊棘、有毒的苦果。

每個學生都有成功的潛力；他們能夠學會建立自信心，
並能設想和實現自己光明的未來。

——柯林斯

第八章　心理暗示

心理暗示的分類

建立正面思考的習慣，培養正面思考的念頭是建立幸福心理的關鍵。可是，在生活中，人們經常會在言語中有意或無意地，在他人的心裡播下一些種子，播種的方式就是大家熟悉的一個心理學名詞：心理暗示。

心理暗示被稱為預先灌輸。《心理學大詞典》上是這樣描述的：「用含蓄、間接的方式，對別人的心理和行為產生影響。暗示作用往往會使別人不自覺地按照一定的方式行動，或者不加批判地接受一定的意見或信念。」

在現實生活中，人們不時接收著外界的暗示。心理暗示通常在不知不覺中發生：他人的一句話、一個眼神或是一個舉動，都會給我們帶來心理暗示，並在不同程度上影響我們的生活。

自我暗示是指自己的心理活動給自己的人格施加了某種影響，以此改變了自己的個性與人格。最容易接受的暗示是來自父母、朋友、親戚、老師，以及身邊工作的同事的心理暗示，同時，我們還會在不自覺的過程中接受自己喜歡、欽佩、信任和崇拜的人的影響和暗示。

第八章　心理暗示

在心理學中，心理暗示分為自我暗示和他暗示兩種。但是在日常生活中，人們習慣認為「心理暗示」就是「他暗示」，而忽視了「自我暗示」。

心理暗示有兩種變現形式，一種是良性暗示，也叫積極心理暗示。積極暗示能夠對人的心理、行為、情緒產生一定的積極影響和作用，而消極的心理暗示意義則正好相反。

> 例如，有人早上起床後，習慣性地在鏡子前面梳妝打扮，這時發現自己的氣色不好，眼袋浮腫，馬上就覺得自己渾身都不舒服，頓時懷疑自己是不是生病了，甚至覺得某些部位似乎都在隱隱作痛，於是懷疑自己能不能上班，甚至決定要去醫院看病。這個案例即是自我暗示，也是消極心理暗示。
>
> 再看看另外一種人。在鏡子裡看見自己的氣色不好，立即想這是昨晚睡眠不好引起的精神不振，再看到自己的黑眼圈，馬上用理智控制自己的緊張情緒，開始進行積極的心理暗示：都是昨夜睡眠不好引起的，不過沒事，今晚盡量早點睡，現在先去戶外做個操，走個半小時，呼吸新鮮空氣，振奮精神，今天要好好工作，高高興興地過好這一天。

黃建勛繪製

透過這個案例，我們知道了懂得使用積極自我暗示的人更易身心健康、情緒快樂。

在社交場合場中經常遇見以下情形。

某次聚餐活動中，席中坐了三位女士，這時有一位伶牙俐齒的男士開始評頭論足了。對第一位女士說：「您今天氣色不太好，有點黑眼圈，沒事吧？注意身體，別太累了。」一會兒

又對第二位女士說：「您今天氣色不錯嘛！一看就知道您生活得有滋有味。」面對第三位女士的時候：「哇，差點沒認出您，您怎麼越來越年輕！差點沒有認出您呢。快，請介紹一下您的美容保養術。」

這位男士在無意中做的就是心理暗示。在之後的時間裡，第一位女士會思索剛才聽見的話：最近自己就是睡眠少，心事還真不少，最近運氣也不好，股票跌了，公司事情不順利，孩子成績不好，老公手機經常不在服務範圍。這個聚會，第一位女士臉上就沒有出現過笑容，她被那位男士心理暗示的話語打中了。

第二位女士在席上始終保持微笑，情緒蠻好；而第三位女士在這次聚會中表現得特別活躍，可以用神采飛揚來形容。其實，就是幾句話讓心理暗示在不自覺中影響著人們的生活。

女性更易接受暗示

為什麼人們會不自覺地接受別人的暗示和影響呢？

心理暗示發揮作用的前提，其實是自我的不完善和缺陷。當一個人的自身存在著自卑和不安全感，甚至對自己不滿意的時候，內心就會自我製造一些幻想，希望有一種神秘東西能幫助自己改變命運。這時，對任何暗示都沒有分辨力，也不會反對，全然接受暗示產生的效果。這種心態很容易和外界的暗示一拍即合。當然，好的暗示也能對人產生積極作用。

曾有調查統計顯示：在相同的環境中，女性比男性更易被暗示，兒童比成人更易被暗示；憂鬱、內向的人比自信、成熟、開朗的人更易被暗示。

有一位年輕的女孩失戀後極度痛苦，多次尋求自殺，經過多次搶救後依然執意尋死。家長、同學、老師、心理醫生的多次勸導和啟發均沒有效果。有人出主意，讓女孩的父母請來當地一位很有名的算命師。算命師與女孩見面後說道：「真可惜呀，你三十歲後有十五年大運，非常富有，你是能活到八十歲的命呀。」結果，這個女孩放棄了自殺，重新開始生活。

看到這個案例，有人會笑，這女孩怎麼這麼傻呢？算命師的話能信嗎？但是，算命師的心理暗示發揮作用了。不少女性對算命師的話深信不疑，耿耿於懷，甚至日夜不安。如果算命師說自己的戀愛運不順，那麼她在戀愛的時候就會小心翼翼，抱著消極的態度，即便是和戀人之間很平常的爭吵，都會被她無限擴大；一交新男友，就去找算命師看生辰八字，自己對戀愛都沒信心，又如何指望得到圓滿的婚姻呢？如此反覆折磨自己和他人，有時候還真的被算命師「算中」了。

這個世上沒有對心理暗示完全免疫的人。性格開朗的人並不是對心理暗示完全免疫，只是他們會把事情往好的方面想，有能力杜絕消極的心理暗示。

算命與心理暗示

在現實生活中，大多數人都有過算命師為自己算命的經驗，有不少人的身邊甚至會有幾位「算命大師」，左右著他們的思考和行為方式，要做什麼，該怎麼做，會不會成功，能否與這個人合作等等，都會與算命大師溝通，算命師充當的是一名「心理指導師」的角色。

算命就是生活中最典型的一種暗示。算命師積極的心理暗示，也會改變算命人的命運。

有一位修車工人，補了十多年的輪胎，周而復始的生活就是「接胎—補胎—送胎」，又髒又累的環境使他內心充滿迷茫，他期待著生活能有些改變。

有一天，他看到店對街新開了一家算命攤，他急忙放下手中的工具，提著破輪胎跑到算命先生的面前，請求為自己算命。

算命師抬頭問道：「你想算什麼呀？」

修車工人回答：「您看看我今後的運氣如何？」

算命師捋著鬍鬚，端詳了一下修車工，尋思了半天后說：「你以後的運氣絕對不會差，你是拿破崙轉世啊。」

當修車工聽到算命師說自己是拿破崙轉世時，感到既高興又懷疑。回到店裡工作時，經常會思索這句話。他開始特別地賣力，兢兢業業地工作。每當遇上困難，一想到「我是拿破崙轉世」這句話，修車工就會信心百倍。

一晃許多年過去了，昔日的修車工如今已經成為有名的富翁。每當想到那次算命，修車工就對算命師的預知深感疑惑，也充滿著深深的感激。

這位靠「補胎」發財的大富翁，費盡周折終於找到當年的算命師，並帶上禮品上門致謝。修車工誠懇地向算命師請教當年算命的玄機。算命師鑒於修車工的誠意，道出了算命背後的秘密。原來，當時，算命師看著一臉真誠的修車工，手裡拿著一個破輪胎，尋思後就半開玩笑地隨口說「你是拿破崙轉世」。其實，這完全是無意間的善意玩笑，卻改變了修車工一生的命運。

在生活中，我們每天都在環境中接收到各式各樣的心理暗示，有的給我們帶來喜悅和信心，有的卻給我們帶來憂鬱和不安。

一個人願意接受某些話，是因為他們心裡正好也有這樣一句話，只是他們自己沒有說出來，或還沒有意識到，碰巧別人說了。心理暗示有這樣一個規律：如果你相信了這個暗示，心裡真正接受了它，它就會成為你信念的一部分。正確鑑別和使用心理暗示，會改變一個人的一生。

為什麼無形的「心理暗示」種子在植入我們的思想之後，能改變我們的行為，決定我們的幸福呢？背後的秘密又是什麼呢？讓我們接下來一起了解這個背後的秘密。

第八章　心理暗示

這個世界上，「心理暗示」和「自我兌現的預言」對任何人都是免費的，關鍵在於，只有你相信這個暗示或預言一定可以兌現，它才能發生作用。

第九章　潛意識的力量

潛意識及冰山理論

一般情況下，人們在說到心理學的時候，就會聯想到潛意識，說到潛意識的時候，自然就會提到心理學大師佛洛伊德（Sigmund Freud）。潛意識理論是西格蒙德．佛洛伊德在《夢的分析》中首先提出的。

按照佛洛伊德的觀點，人類有一種原本具備、卻未被發掘與利用的能力，我們將它稱為「潛力」，這種潛在的動力一直藏在我們的深層意識當中，很少被人們發現和運用，這就是我們的潛意識。

卡爾．古斯塔夫．榮格（Carl Gustav Jung）在《潛意識與心靈成長》一書中說道：「潛意識並不僅僅只是往昔歲月積澱的貯藏之地，它同樣也滿滿地蘊含著未來的心靈情境和觀念的胚芽。」這句話有點深奧，簡單地說：潛意識會依照我們心中所想的畫面，構成真實的事物。只要我們給予潛意識一個畫面，潛意識就會將它變成現實的場景。如果你內心正面的念頭占多數，凡事都往好處想，你的潛意識中就會擁有更多正面和好的潛能。

精神分析大師佛洛伊德提出了「冰山理論」。佛洛伊德認為，人的意識是冰山上的尖角，能看見的只是很少的部分，更多的是隱

藏在海面下的部分。

我們想像一下，在一望無際的大海中，浮在海洋中的冰山大部分都位於海平面以下，只有一小部分露出海面。在大海中露出來的部分，就是冰山的一角，只有百分之五。

我們每個人彼此都能看得見的、那些人類的表意識，就是浮出水面上的很少的部分。比如我們在身旁人們身上能看見的動作、表情、習慣等，這些都是表意識，表意識占據我們意識的百分之五，只是冰山一角。而人類更多的意識，都是隱藏在海面以下的部分，絕大部分是無法感知、無法看見的潛意識，那些百分之九十五隱藏在海面底下的意識，就是佛洛伊德所說的潛意識。

我們對世界的認識，也只是世界冰山上的尖角，能看見的只有很少的部分，更多的則隱藏在海面以下，是我們很難看見的潛意識。有時我們看見一幕情景、嗅到一種氣味、聽到一種聲音時，能喚起我們對往昔歲月的回憶，這類「暗示」或「觸發」，會誘發傷感的情緒，或者會引起令人愉快的記憶。此外，某種強烈的刺激，或者長期養成的習慣，都可以形成一種潛意識。

黃建勛繪製

潛意識是潛藏在意識底下的一股神秘力量，是一種自動化思考。

悖理的惡魔

美國小說家愛倫·坡（Edgar Allan Poe）在《悖理的惡魔》一

書中講述了這樣一個故事。

> 男主角在製造了一場謀殺案之後，順利繼承了死者的遺產，靠著這筆不義之財，享受了幾年逍遙日子。每當他再次隱約出現謀財害命的念頭時，他就會喃喃自語：「我現在很安全。不要再出什麼事。」他就這麼平安無事地又過了好幾年。
>
> 直到某一天，他把自己的喃喃自語改成：「我現在很安全，只要我不笨到在眾人面前說出謀殺的真相就可以。」自從腦中出現這個念頭之後，他就開始坐立難安，努力壓抑想說出真相的念頭，但他越壓抑，想把真相一吐為快的念頭就越強烈。最後，他竟然忍不住在大庭廣眾之下說出了真相，他被自己嚇得驚慌失措，拔腿就跑，大家便開始追他，後來他昏了過去。等他恢復意識後才知道，他已經說出了自己謀財害命的全部過程。

正如《增廣賢文》中收集的那句俗語：若要人不知，除非己莫為。一個人要是想別人不知道，除非自己不去做，只要你做了，終究都將暴露。

有時我們會發現，明知有些事情對自己不利，但我們還是會念念不忘；我們越想擺脫某個不快樂的念頭，努力讓自己不去想它，卻總是很難辦到，就像有個陰魂不散的「惡魔」在糾纏著我們不放。是不是我們內心藏了一個「惡魔」在跟我們搗亂？

心理學家對這種現象也很好奇。哈佛大學心理學家丹尼爾．韋

格納 (Daniel Merton Wegner) 把這個「惡魔」拖進實驗室，經過研究之後終於讓它現出了原形。原來這個「惡魔」就是藏在人腦中的「自動化處理過程」中的潛意識。

我們的大腦會記下我們的經歷，那些經歷中的圖片都儲存在潛意識中，陰魂不散，最終都會露出原形。

失靈的點石成金術

從前，喜馬拉雅山腳下的小村落裡來了一位仙風道骨的老人。他向全村村民宣布，他掌握了一種可以點石成金的法術。

當然，天下沒有白吃的午餐，想要學這套法術的人，得先把家中最值錢的東西拿出來當學費才行。村裡的人實在太害怕窮困了，人人都想發財想得發瘋。大家討論了一下：既然可以學會點石成金術，那麼先犧牲點學費有什麼關係呢？於是他們虔誠地交了學費，集合起來聽老人教授這種神奇的法術。只聽見老人嘰哩咕嚕唸了一大串咒語，然後就把蓋在木桶下的石塊變成了閃亮的金子。「快教我們吧！」每個人的喉嚨深處都發出貪婪的聲音。

老人不厭其煩的教村民咒語，當村子裡最笨的人也能背誦咒語之後，他很滿意地告訴他們：「你們明天日出的時候就可以開始用點金術了。我保證各位都可以把沒用的石塊變成黃燦燦的黃金，不過，你們可要記得呀 —— 唸咒語的時候，你們的腦子裡千萬不要想起喜馬拉雅山上的猴子，不然就得不到金子。」「絕對不會！」村民異口同聲地回答。他們心想：「黃金跟喜馬拉雅山上的猴子有什麼關係呢？老人真是無聊，我們哪會想起喜馬拉雅山的猴子？」結果他們始終沒有「唸」出黃金來，但也沒有人能怪老人說謊，因為每個人都得承認，他們越想告訴自己不要想那些猴子，就越是想起那些毫無關係的猴子。

生活中這種情況很多，有些事情，我們越是不想去想，越是揮之不去，它們越是會出現在我們的腦海中，正如「點石成金術」的故事，村民們在唸咒語時，腦子裡總會想起喜馬拉雅山上的猴子一樣，是潛意識在作祟。

心理學家丹尼爾．韋格納偶然從一本心理學雜誌上讀到杜斯妥也夫斯基（Fyodor Mikhailovich Dostoevsky）的一個古怪但富於啟發性的說法：「當我們一旦給自己設定一項任務——不要去想北極熊時，你就會發現，『不要去想的』北極熊反而會在每分鐘都來拜訪你的腦海。」

丹尼爾．韋格納決定做一個簡單的實驗，來證實「北極熊的拜訪是不是擋不住的」。他把前來參與實驗的志願者們單獨請到一個個房間內坐下後，告訴志願者們：「你們可以在腦海中想任何事情，但是，就是不能去想北極熊。每當北極熊出現在你們的腦海時，你們就要按一下電鈴。」結果，在短短的數分鐘內，此起彼伏的刺耳電鈴聲證實了杜斯妥也夫斯基的說法：人們越是壓抑某個想法，某個想法就越來越頑固的糾纏不休。

既然潛意識這麼龐大而神秘，我們是否可以進一步的了解潛意識，掌握它的「脈搏」，讓它更好地為我們服務呢？

有些東西陰魂不散、有些事情揮之不去，其實就是潛意識在作祟。

潛意識的三大應用

潛意識的發現對人類有著重大意義。那麼，到底潛意識對我們有什麼用處？如何讓潛意識為我們的生活和事業服務呢？

潛意識的應用有以下三種方法。

一、不斷地想像：影像、圖片

潛意識喜歡圖像和畫面。當我們將心中所思所想變成一個個影像和圖片的時候，潛意識會依照我們心中所想的畫面構成真實的事物。圖形化的記憶，是潛意識中最優秀的特質。

我在閱讀時，常將每句文字隨即聯想成相對應的畫面，這樣有助於我的記憶和回憶。看書時，我會在書上標註不同的符號和小圖標，把相近或重要的文字，用不同的小圖標畫下來，非常便於回憶時理清思路。

二、不斷地自我確定：自言自語地反覆唸誦

不斷地自我確定就是透過自言自語的方式反覆唸誦。語言的重複會加深大腦的記憶。潛意識記憶的最關鍵點，反覆多次地一遍又一遍地去唸誦，就是反覆地「在內心進行自我對話」。

三、不斷地自我暗示：肯定和激勵自己的語言

不斷地自我暗示就是用肯定和激勵自己的語言，為自己加油打氣，就是在使用「積極自我暗示」的方法。

博恩．崔西（Brian Tracy）說過：「一個人之所以沒辦法成功，就是他沒辦法在腦中看到他成功的畫面。世界上所有的一切，都是把腦海中的畫面搬到現實中的。」

如何理解「把腦海中的畫面搬到現實中」這句話？有句話叫「一畫勝千言」。它是指一張圖畫勝過千言萬語。建築師在設計大樓時，先把想像中的圖像畫出來，再把它做成設計模型，再透過建設者們把大樓一磚一瓦建設好，最後完工的時候，建築師看到的已竣工的大樓和他所設想的一模一樣。

大腦潛意識有個「笨笨」的特點，就是不能分辨真假和好壞，它只會全部記錄你在腦海中想像和演示的畫面，並信以為真。只要你在腦海中去想像過程和畫面，你的潛意識就會想出辦法來實現它。當你想像成功和順利的場景時，展現的就是心想事成；反之就是失敗和不順利。

現實生活中，我經常會「預演精神電影」。當我們預演一件事情能夠順利，結果很可能就會真的順利和成功。

潛意識最偏愛三個方面：不斷地想像影像、圖片；不斷地自言自語地反覆確認；不斷地自我暗示和肯定。

預演精神電影

成功地「預演精神電影」，就是把將要發生的事情想像成一幅幅的圖像，想像著事情順利完成的全部情景，就像播放一部電影一樣，每天對自己進行預演前的播放，一遍又一遍地想，加深印象，默默地對自己講。簡單地說，就是事前在「我們的頭腦中」預演即將發生的事情。

講一下我印象最深的一次經歷。那是在二〇一一年勞動節之後，我不幸患上感冒，咳嗽不止，不能仰臥睡眠，連續幾夜難以入眠，只能坐在床上抱著被子不停地咳嗽，服用許多藥物之後依然無法止咳。十五天之後有一場講座，可是咳嗽了十二天，依然未癒，我非常的焦慮。在最後三天裡，我一邊繼續服藥治療，一邊開始使用潛意識的治療方法：不斷地想像、不斷地自我確認和不斷地自我暗示。

第一步，就是在講座的前兩天去現場看教室的場景，讓大腦對教室有一個直觀印象。我至今每當要進行演講都會讓主辦方事先傳一張會場的大圖給我，讓大腦有會場的圖景概念；還會詢問主辦單位聽講的人數、男女比例、年齡層等問題。之後，我會在大腦中

反覆預演講座的場面，想像人們的表情、狀態和我在整個會場演講的場景。

第二步，用樂觀的語言去慰藉身體，在精神上鼓勵自己，肯定自己能做得更好。撫摸身體，喃喃自語地安慰自己的身體，給自己的身體加油打氣，告訴自己演講一定會成功：你是最棒的，你每一次都做得很好等等。這種方法也被我稱為「安撫身心的自我對話」。

第三步，開始「預演精神電影」。我想像著講座現場座無虛席，所有的座位上都坐著認真聽講的學員，我在流利地演講，激情地揮動著手臂，不時還有學員們傳來的笑聲。我靜靜地在腦海中把這些情景想像成一幅幅畫面。

就這樣，我一邊反覆備課，一邊在反覆預演著講座的全部過程。

那場講座很順利，我在一百二十分鐘內幾乎沒有咳嗽，最後二十分鐘互動時只是嗓子有點沙啞。演講結束的時候，在場的兩百多名學生送給了我一陣陣熱烈的掌聲。當我向同學們揮手告別，走出教室後的第一件事，就是一邊半閉著眼睛，一邊用手撫摸自己的嗓子，自言自語道：「謝謝你們，你們真的太棒了！我沒有咳嗽，一切都很順利，今天的演講很成功！」

嘴巴說話是為了表達。但語言不只是說給別人聽的，也能說給自己聽。我們的身體也聽得見。那些鼓勵、讚美的語言，身體都會收到；我們責怪自己很笨、貶低自己真傻，用恐懼的語言說出「太可怕了」這樣的話，我們的身體都能聽得見。

我們不能控制環境，也很難改變外面的世界，但是，我們可以改變自己的內心世界。改變內心世界的第一步就是改變自己：改變內心的念頭，給我們的身心注入積極和正面的語言，讓潛意識的力量為我們服務。

積極的心理暗示，會讓我們的生活變得更加美好；潛意識的力量能喚醒我們內心的潛能，給我們注入更多正面的能量。

一個人的內心有多少正面能量和努力，最終就會成就多少夢想。

第十章　自我意象

心理控制術

二十世紀最重要的心理學發現之一就是「自我意象」。麥克斯威爾·馬爾茨（Maxwell Maltz）在《心理控制術》一書中提出了這個概念。

麥克斯威爾·馬爾茨博士是美國一九六〇年代一位知名的整形外科醫生，也是一位心理學家。馬爾茨先生一生中為無數人做過整形，其中包括世界著名運動員、演員、銷售員等。馬爾茨先生的成功案例實在是太多了。許多人把馬爾茨先生的手術刀比喻成一根魔棒，這根魔棒點在誰的臉上，誰就變成了美女和帥哥。這根魔棒不僅改變了人們的外貌，而且也改變了人們的整個人生。

在多年的整形過程中，馬爾茨先生發現了兩類現象。

第一類現象，有些人在整形後，不僅外貌改變了，其內心世界也發生了「不可思議」的改變，似乎變成了一個全新的人。原來那些害羞、不善交際的人，在整形之後，開始變得大膽和開朗了：一位「笨」男孩變成了機靈聰慧的少年，後來還成為某知名公司的管理者；還有那位向來懷有「鐵石心腸」的犯罪分子，幾乎一夜間從無可救藥的傢伙變成了「模範囚犯」。

另一類現象，像一個謎團一樣始終讓馬爾茨先生疑惑不解。這些前來整形的人其實並沒有整形的必要，只是內心覺得自己很醜陋；在他們成功的實施了整形手術，獲得了新的面容之後，外表已經徹底改變了，被別人稱讚「相當漂亮」，但是，他們仍堅定地認為自己很醜，自己沒有什麼變化。這到底是為什麼呢？

如果說，整形手術刀有魔力，為什麼有些人的臉雖然已是煥然一新，但是他們的內心卻始終沒有改變呢？馬爾茨先生花了近十年的時間追蹤調查那些接受過他整形手術的人，並開始對人的心理進行深入的研究，最終找到了答案：原來是這些人內心深處的「虛構之醜」在搞鬼。

為什麼會有這種現象發生呢？馬爾茨先生解釋：在每個人的內心深處都有一幅模糊不清、朦朦朧朧的「畫」，這幅畫是按照我們的精神藍圖或「心像」來描繪的。不過，在很多人的意識裡，或許根本就沒有覺察到「自我意象」的蹤影。

許多人一生都不知道自己的內心有一幅「自我意象」圖，但是，它的的確確是存在的。

正能量的種子

著名心理學大師理查德·懷斯曼（Richard J. Wiseman）的巨作《The Luck Factor》出版後，「正能量」成了一個流行語。什麼是正能量？正能量就是我們正面的自我意象。

第十章　自我意象

自我意象就像電腦中的 CPU（CPU：電腦的中央處理器，電腦的運算核心和控制核心）。自我意象是操縱著我們思維角度、言行舉止的「程序」。

每個人能成為什麼樣的人，其實很多人在很小的時候，腦海中就已經有了一個自我模糊的感覺，這就是意象。隨著身體的成長和思想不斷地成熟，腦中的這個自我意象越來越清晰，當它逐漸成型後，人生也就定型，思想也就漸漸地成熟了。

我們過去的經歷、成敗、榮辱，以及別人對我們的反應，特別是童年時代的早期經歷，已經在無意識中真實的形成了一個自我意象，也就是我們對自我的看法：「我是什麼樣的人」。可以說，我們全部的性格特徵、行為舉止，甚至所處的環境，都是以自我意象為基礎而建立的。

自我意象分為兩種：消極自我意象和積極自我意象。

消極自我意象是一種自卑的、負面的、消極的意象。具有消極自我意象的人，會習慣性地認為自己是個「失敗者」，在內心為自己培植一個「負面自我意象」。那麼之後，無論這個人的動機有多好，意志力有多堅強，他總是能夠找到逃避的方式，即便是機遇來臨，也會失之交臂。這就是自我意象作祟。

積極自我意象是一種自信的、正面的、積極的意象。而積極的意象能幫助一個人建立積極向上、充滿激情的自我。

當我們經常為自己輸入積極自我意象的語言，比如，「我的生活會一天比一天更美好」、「我的心情愉快」、「我一定會做得更好」；當你經常在自己的意象中重複著「我是一個能夠成功的人」、「我是一個積極向上的人」、「我是一個充滿熱情的人」、「我是一個有激情和動力的人」時，你的個性、你的言行、你的舉止就會逐漸將你塑造成一個積極努力的成功者的自我意象。

積極自我意象就是我們內心那粒正能量的種子。

心理學家認為，六歲之前是培養孩子想成為怎樣的人、要成為怎樣的人的關鍵時期，在心理學中也稱為「自我意象」的培育期。

假若父母在孩子六歲前動不動就批評和指責孩子：你這裡不對，你那裡不行，你真笨，這樣就會不可避免地讓孩子在自己的「自我意象」中產生「我不行」的消極（負面）自我意象。一旦形成「我不行」這個消極的自我意象之後，這個意象就會變成「事實」，成為他們腦海中一個很難消除的影像。

可見，父母在孩子的內心植入一粒怎樣的自我意象的種子，對孩子的一生可謂至關重要。

自我意象有兩種：要麼花精力來喜歡、欣賞和看好自己；要麼花時間來否定、貶低和討厭自己。你可以隨意選擇，但最終你的選擇會決定你的命運。

消極的自我意象

已故的美國流行天王麥可·傑克森（Michael Joseph

Jackson)，一生中做過十幾次的整形換膚，人們在疑問，傑克森到底是心理變態、審美出了問題，還是討厭自己是一個黑人？哪種猜測是正確的呢？

要了解傑克森整形背後的故事，我們就要先走進天王的童年時期。

麥可·傑克森的童年面對的是一位教育子女的方式很「特別」的父親。這位性格古怪、脾氣暴躁的父親，為了「教導」兒子晚上睡覺不要打開窗戶，會在深夜戴著面具扮成小偷，爬到兒子的臥房裡大吼大叫，令麥可和幾個兄弟多年來總是做噩夢。當孩子長大後，父親更是變本加厲，看見子女在節目排練中表現欠佳時，便會用皮帶或棍棒抽打來「提醒」他們。麥可說過：「有一次，他扯斷冰箱的電線來打我。」麥可的父親從來沒有和他玩過遊戲，也不曾揹過他。在天王童年的記憶中，留下的都是一些飽受虐待的心理陰影。

麥可進入少年時代後，開始注意自己的外表，臉上長了青春痘，便不想外出。麥可認為自己很醜，皮膚太黑，鼻子太寬，而他的父親和兄長們還會經常叫他「大鼻子」。在天王麥可·傑克森的內心深處有著這樣一個自我意象——「我是一個醜孩子」。

麥可多次接受整形手術，並不是心理變態，也不是討厭自己是個黑人，而是希望改變內心留下的恐懼。他不喜歡自己現在的樣子，他不能接受自己的本來面目，他厭惡在自己的面目中看到暴虐父親的影子，他要徹底改變自己的外貌。在麥可·傑克森看來，另外一個全新的形象才是最好的。

有人說麥可·傑克森的整形是一場悲劇，但這場悲劇的起因，是麥可·傑克森的父親對孩子的教育方式。隨意的打罵、貶低、冷落和不欣賞孩子，塑造了孩子扭曲的「自我意象」。因此，家長一定要幫助孩子在內心建立「積極的自我意象」。

一個人畢其一生的努力就是在整合他自童年時代起就已形成的性格。

—— 榮格

積極的自我意象

英國有一位喜劇明星，名叫羅溫·艾金森（Rowan Atkinson）。提到這個名字，許多人都會搖頭說，沒聽說過。可是提到「豆豆先生」這個角色，恐怕每個地球人都知道。是的，羅溫·艾金森先生就是豆豆先生的飾演者。可以說，全球不同膚色的人們都喜歡羅溫·艾金森的表演。

據說羅溫·艾金森先生小時候是一個笨拙的孩子。學生時期，他因長得呆頭呆腦經常被同學嘲笑，甚至老師也不喜歡他；進社會後，因為看起來太傻，羅溫·艾金森總是找不到工作。糟糕的是，父親也認為他的腦子有問題，正是這個原因，父親從來不

和他說話。

幸運的是，羅溫·艾金森有一位了不起的花匠母親，她認為自己的兒子是優秀的。面對一個發育遲緩的孩子，羅溫·艾金森的母親並沒有鄙視和貶低孩子，而是欣賞和鼓勵自己的孩子，幫助他建立「積極的自我意象」，引導他堅信自己，守候希望。

母親經常告訴他：「每個人都是一朵花，每朵花都有綻放的機會，那些沒有綻放的，只是季節未到。在季節未到的時候，你需要努力地吸收養分和陽光，儲存足夠的能量，耐心地等待屬於自己的季節來臨，時候到了，美麗的人生之花自然會綻放。」

羅溫·艾金森先生時刻牢記母親的教誨，相信自己是一朵花，只是沒到開花的時節。於是他堅持不懈地努力，終於被英國「惡搞整九新聞」劇組的導演看中，並錄取了他。之後，他飾演的豆豆先生深受觀眾喜愛，該片票房在歐洲突破一億美元。

羅溫·艾金森先生終於等到了自己「人生之花自然綻放」的季節，成為一朵耀眼的成功之花。可以說，在當時，沒有人能夠預料這位被公認為「笨學生」的孩子，十幾年後能夠一舉成名，成為婦孺皆知的大明星。

黃建勛繪製

羅溫·艾金森先生的母親在他的內心世界重塑了一個積極的自我意象。他沒有因為環境中他人挑剔的目光而覺得自己不正常，也沒有覺得自己呆頭呆腦有什麼不好看。他積極接納自我，喜歡自己現在的樣子，以讚賞的態度接受自己的外在形象，以積極的心態積蓄力量等待花兒綻放的季節，積極的自我意象就是成就羅溫·艾金森的關鍵。

我們內部世界的思想、感情和想像，造就了我們的外部世界。

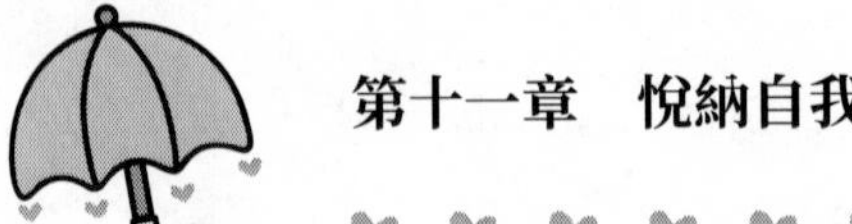

第十一章　悅納自我

喜歡自己這個樣子

悅納自我就是要無條件地接受自己，包括接納自己的優點與缺點、成功與失敗，接納自己的軟弱或錯誤。

出生於義大利的蘇菲亞·羅蘭（Sophia Loren）是一位受全世界影迷喜愛的女影星，她主演的《烽火母女淚》、《卡桑德拉大橋》在亞洲擁有廣大觀眾。二〇〇〇年，蘇菲亞·羅蘭，這位曾榮獲奧斯卡最佳女演員獎項的偉大女性，被評選為千年美人。可是，她在十六歲第一次拍電影時卻遇到了不少麻煩。

蘇菲亞·羅蘭不僅是一個私生女，而且面部缺陷也不少。她在第一次試鏡的時候就失敗了，所有的攝影師都說她沒達到美人的標準，都抱怨她的鼻子和臀部不夠漂亮。沒辦法，導演卡洛（Carlo Ponti）只好把她叫到辦公室，建議她減去一點臀部的贅肉，把鼻子縮短一點。一般情況下，演員都對導演言聽計從。可是，蘇菲亞·羅蘭卻沒有聽導演的，她相信自己，對自己有信心，認為這就是她自己的特色。

在試了三四次鏡後，卡洛導演又叫蘇菲亞·羅蘭到他的辦公室。

卡洛導演以試探性的語氣說：「我剛才跟攝影師開了個會，他們說的結果全都一樣，噢，那是關於你的鼻子，還有建議你把臀部減去一些，如果你要在電影界做出一番事業，也許你真的該考慮做一些變動。」

蘇菲亞．羅蘭對卡洛說：「說實在的，我的臉確實與眾不同，但是我為什麼要長得跟別人一樣呢？」

「我要保持我的本色，我什麼都不願意改變。」

「至於我的臀部，不可否認，我的臀部肌肉確實有點過於發達，但那是我的一部分，是我的特色，我願意保持我的本來面目。」

大導演卡洛被說服了。電影不但拍成了，而且蘇菲亞．羅蘭一下子紅了起來，逐步走上了成功之路。

「我為什麼要長得跟別人一樣呢？」的確，這個世界上找不到第二個與我們完全一樣的人，就如同這個世界上找不到相同的兩片樹葉。獨特是一種美，我們每個人都應該慶幸自己是獨一無二的那個她或他。

比較、慾望、對自我認知不足是許多人產生痛苦的原因。悅納自我就是要全部地接受自己。一個人只有在自我認知中才能學會悅納自我。

黃建勛繪製

我們都不是很完美的人，但我們要接受不完美的自己。
喜歡自己這個樣子，愛自己、寵自己。

認識當下的自己

自我認知包括三個方面，一是對自己一般性的認知：名字、種族、愛好和價值觀等；二是對自己身體的認知：身高、體重、外表長相、運動技能和技巧等；三是對自己心理的認知：記憶、情緒、性格等。

在心理指導的過程中，我常常會要求來訪者做一份「自我認知表」。

「自我認知表」的內容包括以下八個方面：

(一) 我的優勢、長處是什麼？

(二) 我的缺點和不足是什麼？

(三) 我目前的困惑是什麼？

(四) 最容易影響和干擾我的事情是什麼？

(五) 通常什麼狀態下我會心煩和不快樂？

(六) 我的理想和希望是什麼？

(七) 我的日常生活、睡眠和鍛鍊狀況如何？

(八) 我期望成為怎樣的人？

「自我認知」的過程可以幫助我們找到真實的自己。知道自己是誰，是怎樣的人，想做怎樣的人，期望自己能做到哪些。

我們對周遭的感覺，對事物或人的喜好，常常就是我們內心的投射。

我常說：「你關注什麼，你的眼裡就是什麼，你的世界就是什麼。」

世界的本質是混沌的。因為對世界的好奇和未知，多數人在面

第十一章　悅納自我

對外在世界時常常會感到恐懼：對大千世界的恐懼，對周遭的恐懼，對他人的恐懼，以及對將要經歷和正在經歷的事情的恐懼。

恐懼源於我們內心有太多的未知。因為不知道是怎麼回事、該怎麼辦、應該怎樣去做？我們常常會用未知的眼睛去評價和衡量這個世界。

一片混亂的內心世界，會滋生一串串顛三倒四的念頭；一片寧靜的內心世界，能滋養一粒粒慈善德行的種子。

在我們沒有足夠的資訊量和經驗之前，我們總是處在矛盾中。一手抓著我們習慣的教養和性情，一手抓著我們內心湧動的激情和疑惑。在沒有梳理出一個明確的計畫之前，我們在徘徊中，一會兒否定自己，一會兒肯定自己。當然，我們還在否定中懷疑著他人和這個世界。

認識自己是明眼看世界的第一步。認識自己，可以讓我們看清自己的長處、優勢和特色，喜歡獨一無二的自己；認識自己，可以提高自信，喜歡當下的自己，發現自己需要填補的空白和不完美；認識自己，可以幫助我們做真實的自己，知道自己要成為怎樣的一個人；認識自己，可以促使我們找到生命的使命，腳踏實地的活在當下，欣喜地面對每一件事情、每一個人。

認識當下的自己，需要思考幾個問題：

(一) 活在當下的意義；

(二) 你對「做真實的自己」的理解；

(三) 你對「喜悅心態」的認識；

(四) 你有過使命感，或者你找到自己生命的使命了嗎？

許多人的情緒問題和心理困惑常常源於內心的那片世界。認識當下的自己，就是為心靈創造一片明朗的天空。

第十二章　發現自我優勢

找到自己的長處

愛自己就是全然接受當下的自己，發現自己的優勢，做自己擅長的事情。

聽過我演講的朋友都知道《龜兔賽跑新說》的故事。

龜兔賽跑之後，烏龜捧著賽跑冠軍的獎盃，成為了明星人物，這時長跑隊的鴕鳥教練前來找烏龜。

「尊敬的烏龜先生，你在龜兔賽跑中，一舉擊敗常勝將軍兔子，成為賽跑冠軍，你是否願意加入我們的長跑訓練營呢？」

烏龜在興奮之餘，不假思索地同意了鴕鳥教練的邀請，進入了長跑訓練營。結果，在之後一週的訓練中，烏龜永遠都是最後一個跑到終點。烏龜的粉絲們每天看見的是精疲力盡、遲遲才到的烏龜，粉絲們的讚揚聲沒了，烏龜自己也變得焦慮了起來：「為什麼我總是最後一名？為什麼失敗的總是我？」烏龜悶悶不樂，鬱悶得整天都不願講話。

「烏龜憂鬱了」的消息傳遍了整個森林。

啄木鳥醫生來看望烏龜，牠告訴烏龜：「我們每個動物都有自己的優勢和長處。小鳥的長處是嗓音嘹亮，所以適合歌唱；鴨子的優勢在於長著一對腳蹼，所以適合游泳。如果讓鴨子去唱歌，小鳥去游泳，結果會怎樣呢？跑步也是一樣，只有那些腿長、身體輕的動物，如鴕鳥、小兔子等才能跑得快，那些身體沉重、腿短的動物，就不適合做長跑運動員。」

烏龜馬上說：「我不是也拿過賽跑的獎盃嗎？」

啄木鳥說：「你參加的只是龜兔之間的賽跑，沒有多大的競技意義，假如兔子不再驕傲自大、偷睡懶覺，假如鴕鳥、斑馬、羚羊都來參加賽跑比賽，那麼冠軍肯定不是你。」

烏龜急切地說：「那我最適合做什麼呢？」

啄木鳥說：「你的身體很結實，力氣大，腿部又健壯，應該去學習中醫養生，你適合做一名中醫按摩師。」

烏龜聽從了啄木鳥的建議，立即投入到中醫按摩的學習中，還專心研究養生之道。最後，烏龜成為森林裡醫術最高、壽命最長的動物。

烏龜的結局並不差。牠從失敗中走出來，最終走向了成功。牠的訣竅就是這麼簡單：認識自己的不足，不堅持自己一定要像「兔子那樣跑得快」，而是瞄準自己的優點，放棄自己的短處，接受自己腿短、身體笨重的「不足」，把長處發揚光大，最終成為醫術精湛的專家。

一個人無論有怎樣的缺陷、怎樣的不如意，別人可以不

第十二章　發現自我優勢

愛你，但你自己絕不可以不愛自己；別人可以拋棄你，但有一個人不能拋棄你，那就是你自己。

—— 卡內基（Dale Carnegie）

做自己擅長的事情

對一個人來說，知道自己不能做什麼，與知道自己能做什麼同樣重要。成功就是發現自己的優勢，經營自己的長處，做自己最擅長的事情。

富蘭克林（Benjamin Franklin）曾說：「寶貝放錯了地方便是廢物。」

一個人如果站錯了位置，用他的短處，而不是用長處來謀生的話，那肯定會是異常艱難的，而且這種可怕的定位問題會帶來一次又一次失敗。

有人說，上天很公平，在造人的時候會給每個人附加一個與眾不同的天賦。雖然每個人的天賦能力有大有小，但每個人都會有，可惜的是很多人直到離開這個世界，也沒有發現自己的這份天賦。

如果一個人憑自己的短處去做事情，失敗的幾率就大；如果堅持不改正，面對的肯定是一次又一次的失敗。只有認清自己的優勢和長處，找到適合自己發展的那條路，才能在人生的跑道上衝向成功的終點。

一個幸福的工作者應該是這樣的：在大學時期選擇自己喜歡的

科系，之後的工作，從事自己最擅長和最具優勢的職業。事實上，這樣幸運的人實在太少了。

大多數人，在三四十年的工作中，從事的都不是自己喜歡的職業，工作的目的就是為了生計，完全忽視了自身最大的優勢。

當一個人能夠執著地去找尋自己的優勢，不放棄夢想，積極地發現自己最合適的工作，尋找機會從事自己喜歡的科系和工作，這是一件幸事。很慶幸，經歷二十多年的尋覓，如今的我，終於找到了最適合自己、也是自己喜歡的、最能發掘自己優勢的工作。

發現自我優勢、悅納自我是一種智慧。喜歡當下的自己，依靠自己的優勢生存，堅持修正自我，做最好的自己。

解語

做一個幸福的人，從一個正面的念頭開始，建立堅定的信念，不放棄夢想，不放棄初衷。使用積極的自我暗示和積極的自我意象，讓潛意識的力量幫助自己，讓自己的生命力更加強大。

生命的意義是什麼？生命本沒有任何意義，所謂生命的意義，都是我們賦予它的。當你具有幸福的能力，你就會讓自己的生命更有意義。

第十二章　發現自我優勢

PART 3　情緒篇
慈善是一種能力

慈善的人，善於關懷他人，有同情心，仁慈而善良；慈善的人，不生氣、不抱怨、不計較，總是站在他人的角度看問題，將心比心；慈善的人，願意給予和付出，把行孝行善看成生命的責任。

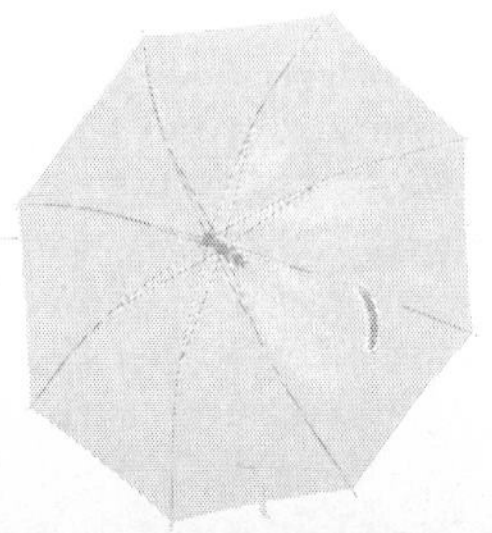

第十三章　不生氣

健康該擺在第一位

除了樂觀和堅定，幸福的人也是慈善的。所謂慈善指：對人關懷而有同情心，仁慈而善良。慈善是一個人心理健康的重要標準。

過去人們對「健康」的理解為「沒有疾病就是健康」。一九八九年聯合國世界衛生組織（WHO）對健康下了新的定義：「健康不僅是沒有疾病，而是包括軀體健康、心理健康、社會適應良好和道德健康。」幸福人生的境界應該是一個「大健康」，即「健、康、智、樂、美、德」。

有報導說，美國加州大學的一位教授對現代人的生命品質提出新的說法：「生得好，活得長，病得晚，死得快。」其意思就是告訴人們：要健康地活著。

生得好，不僅指五官端正、長相好，更重要的是身體健康，沒有器質性疾病。健康地活著，才能免遭病痛折磨，生命品質就高。

活得長，每個人都希望自己長壽，只有沒病沒痛，才能夠延年益壽。

病得晚，不生病的關鍵是要保持良好的心態、健康的體魄、營養均衡，適度的體能訓練可以增強自身免疫能力，使疾病無可乘之機，讓疾病盡量來得更晚一些，健康生活的時間長久一些。

死得快，就是身患疾病的時間短。假設一個人得了不治之症後很快就死，這樣既減少本人的痛苦，又減輕家庭和社會的負擔。

人人渴望健康。健康的基本標準就是身心健康，不生病，生活積極向上。

健康是人生的第一財富，健康是人類最大的心願。

病由心生

俗話說：病由心生，福由心作。

為什麼說「病由心生」呢？我用大家都熟悉的一個成語——杯弓蛇影，來解釋病由心生是怎麼產生的。

成語「杯弓蛇影」出自東漢太守應劭著的《風俗通義·世間多有見怪》：「時北壁上有懸赤弩照於杯，形如蛇。宣畏惡之，然不敢不飲。」翻譯成白話文，就是——

從前有個做官的人叫樂廣。他有位好朋友，一有空就到他家裡聊天。可是有一段時間，這位朋友一直沒有露面。樂廣十分掛念，就登門拜訪。只見朋友半坐半躺地倚在床上，臉色蠟黃。樂廣才知道朋友生了重病，就問他的病是怎麼得的。朋友支支吾吾不肯說。

經過樂廣再三追問，朋友才說：「那天在您家喝酒，看見酒杯裡有一條青皮紅紋的小蛇在游動。當時噁心極了，便想不

喝，您又再三勸飲，出於禮貌，不好拒絕您的好意，只好十分不情願地飲下了酒。從此以後，就總覺得肚子裡有條小蛇在亂竄，想要嘔吐，什麼東西也吃不下去。到現在病了快半個月了。」

樂廣心生疑惑，酒杯裡怎麼會有小蛇呢？但他的朋友又分明看見了，這是怎麼回事呢？

回到家中，他在殿內裡踱步，分析原因。突然他看見牆上掛著一張青漆紅紋的雕弓，靈機一動，心想：是不是這張雕弓在搗鬼？於是，他斟了一杯酒，放在桌子上，移動了幾個位置，終於看見那張雕弓的影子清晰地投映在酒杯中，隨著酒液的晃動，真像一條青皮紅紋的小蛇在游動。

為了解除朋友的疑惑，樂廣馬上把朋友接到家中，請他仍舊坐在上次的位置上，仍舊用上次的酒杯為他斟了滿滿一杯酒，問道：「您再看看酒杯中有什麼東西？」那個朋友低頭一看，立刻驚叫起來：「蛇！蛇！又是一條青皮紋花的小蛇！」

樂廣哈哈大笑，指著壁上的雕弓說：「您抬頭看看，那是什麼？」朋友看看雕弓，再看看杯中的蛇影，恍然大悟，頓時覺得渾身輕鬆，心病自然就沒有了。

黃建勛繪製

杯弓蛇影的故事說明疑神疑鬼的心態會引起疾病。樂廣的朋友因疑慮而引起恐懼，疑神疑鬼，驚恐萬分，由此產生了身體疾病，差點斷送了性命。

在生活中，因為情緒引起的疾病還有很多。當一個人情緒低落的時候，身體的免疫力就會下降，自然容易生病。可見，一個人的心理狀態確實會影響自身的生理健康。

養生和治病的關鍵是消除負面情緒、培養積極樂觀的健康心態。

外在情緒和內在情緒

美國醫生約翰·辛德勒（John Schindler）寫了一本書，叫《病由心生：百分之七十六的疾病都是情緒性疾病》，書中用了大量的病例來說明情緒決定健康這樣一個觀點，作者從肌肉緊張程度、胃腸疾病、皮膚、呼吸、內分泌等各個方面進行了說明。

辛德勒醫生在書中提到「基礎情緒」能引起各種疾病，並指出基礎情緒通常都是不良情緒。而每個人的基礎情緒都是在成長發育的過程中，由家庭、社會及遺傳因素綜合造就的。

每個人在同一時間有兩種情緒：一種是外在情緒，另一種是內在情緒，而內在情緒就是基礎情緒。

外在情緒，是一種容易被人察覺的表面情緒，是我們能在他人的臉上看到的那些不同的面部情緒。比如，當聽見朋友讚美自己的時候，臉上會露出高興的神情，笑容在告訴朋友，我們很喜歡聽到這樣的話；當同事講一個非常有趣的笑話時，我們會哈哈大笑，大家的情緒互相感染，臉上都是笑容綻放；月底，當你發現多了一筆獎金時，你的眼睛會發出光芒，會情不自禁地笑起來；當你的客戶取消了訂單，你沮喪的表情會讓辦公室的同事都能感覺到你的不開心。這些都是外在情緒的表現。

內在情緒，是一種外人無法輕易看出來、也是最難被人覺察到的基礎情緒，是人們遮掩和藏掖在內心深處的心理情緒，它通常不會輕易露出或表現出來。心理學家把這種內在情緒稱為情感。

每個人擁有的外在情緒狀態都是一樣的。你能看到別人的表面情緒，別人也能看到你的；你深藏在內心不願表露出來的基礎情緒，別人是看不見的，同樣，你也看不見別人的。正如那句話：「世上最難看透的是人心。」

心理學家布蘭特女士曾預言，心理和情緒疾病將成為二十一世紀的潛在危機，人類在經歷「傳染病時代」、「軀體疾病時代」後，開始步入「精神疾病時代」。

不良的基礎情緒會滋生和誘發情緒疾病，這個論點已廣受關注。但是潛藏在我們身邊的不良情緒並沒有引起大家的重視。人們該生氣時依舊生氣，該發火時依然發火，抱怨、計較、焦慮和憂鬱，不斷誘發各種病症。不少人還沒有真正意識到不良情緒帶給身體的傷害。

畫虎畫皮難畫骨，知人知面不知心，就是指認識一個人很容易，但是要了解一個人的內心卻很困難。

百病生於氣也

中國古代醫學很早就指出：情緒與人體的健康有著密切關係。

中國傳統醫學認為：生氣有損身體健康。黃帝內經就有記載：大怒傷肝、暴喜傷心、思慮傷脾、悲憂傷肺、驚恐傷腎。

在日常生活中，人們免不了要生五種氣：閒氣、怨氣、悶氣、賭氣和怒氣。每個人都會「生氣」，表現的方式也各有不同：有些

人生氣時悶悶不樂；有些人怨氣沖天；有的人爭強好勝；有些人經常生氣變得脾氣暴躁；也有人選擇暴力行為，結果是害己又害人，也造成了社會的不安。

能做到不生氣的人還真是不多，只要是人，都難免會生氣。因為人人會生氣，所以人人要生病。生病的根源就是生氣惹的禍，生一次氣毀一次健康。兩千多年前，我們的祖先就總結出這樣的道理：「百病生於氣也，怒則氣上」。「生氣」是百病之源，對身體有驚人的傷害。

生氣真的不好，因為生氣很貴。生氣會導致高血壓、糖尿病、心臟病，如今治病很貴的。生病會引起內分泌失調、免疫力下降；內分泌失調、免疫力下降又會誘發癌症的發生，得了癌症更貴，可以讓你傾家蕩產了。生氣實在太貴了，生氣後的結果是要人命。

如果下一次想要生氣的時候，趕快提醒自己也告訴家人：生氣很貴的！既傷身體，又花錢財，生氣是最虧本的一種行為。

能毒死小白鼠的「氣雪」

史丹佛大學的教授做過一個實驗：讓實驗者對著鼻管喘氣，然後再把鼻管放在雪地裡十分鐘。人們驚訝的發現——如果實驗者心平氣和，則冰雪不改變顏色；如果實驗者心理很內疚，則冰雪變得更白了；如果實驗者心裡一肚子氣，則冰雪變成了紫色。把那紫色的冰雪融化後的液體抽出大約兩毫升注射到小白鼠身上，一到兩分鐘後小白鼠就死了。

在這個實驗中，我們看見：一個人生氣時的「氣雪」能毒死一隻小白鼠，可見生氣會給身體帶來何等的傷害。

當一個人生氣的時候，腎上腺素分泌增加，血壓上升、面紅耳赤、呼吸急促，生理反應十分強烈，分泌物比任何時候都複雜，更具毒性。這些都直接影響著我們的身體狀況，甚至還會危及生命安全。

有人說，生氣是人天生的情緒本能，是人類進化後的一種情緒功能，要做到不生氣實在不容易，在心理諮詢中經常會遇見這樣的問題。

來訪者一：我這個人特別容易生氣，怎麼辦啊？總會因為一些不必要的小事生悶氣。有時朋友、同學的一句話就可能使我生氣。自己也知道沒必要生氣，可是情緒和理智總是不一致。雖然生氣的時候也就是幾秒鐘，可是這幾秒鐘使我非常難受，有時都無法自控，甚至想動手，要麼就是氣得發抖！

來訪者二：我認為自己是一個非常老實、隨和的人，但最近特別容易生氣，一點小事就煩躁，男友一句話就會惹得我不高興，就想生氣，而且氣到不行，男友怎麼哄都哄不了。我也不想生氣，但就是控制不了自己，我該怎麼辦？

為什麼人總是要生氣？有沒有不生氣的智慧？

抽出兩毫升生氣的雪水，注射到小白鼠身上，一到兩分鐘後小白鼠就死了。

不生氣的智慧

從前，有個婦人，遇到不順心的事時就生氣，和鄰居、朋友的關係都很糟糕。她非常惱火，想改吧，一時又改不了，終日悶悶不樂。

有一天，她和一個好友聊天時說出了心中的苦悶。朋友聽完後就對她說：我聽說南山廟裡的老和尚是個得道高僧，他也許可以幫你解決這個問題！

於是，她去找那個和尚，對和尚說：「大師，我怎麼老是生氣呢？你能告訴我為什麼嗎？」

和尚笑著說：「哦，施主，請跟我來！」他把婦人帶到了一個小柴房的門口說：「施主，請進！」婦人不明白老和尚的意思，但她還是硬著頭皮走進了柴房！這時老和尚迅速把門關上並上了鎖，繼而轉身走了。婦人一看，就發起火來：「你個死和尚，幹嘛把我關在裡面啊？快放我出去……」

罵了很久，高僧也不理會。婦人便開始了哀求，高僧仍置若罔聞，最後婦人總算是沉默了。高僧來到門外，問她：「你現在還生氣嗎？」

婦人回答說：「我只是在生我自己的氣，為什麼會到這鬼地方來受罪。」

「連自己都不能原諒的人怎麼能夠原諒別人呢？」高僧拂袖而去。

過了許久，高僧又來問她：「還生氣嗎？」

「現在不生氣了。」婦人回答說。

「為什麼呢？」

「氣也沒有辦法啊。」

「你的氣還沒有消逝，還壓在心裡，爆發以後會很劇烈。」高僧說完又離開了。

當高僧第三次來到門前時，婦人立即上前說：「我現在不生氣了，原因是不值得氣了。」

「還知道什麼叫不值得呀，看來心中還有衡量，還是有氣根的。」高僧笑著說。

當高僧迎著夕陽站在門外時，婦人這樣問高僧：「大師，何為氣呢？」

高僧把手中的茶水傾灑在了地上。婦人看了很久以後，頓悟，叩謝後回去了。

從這個故事中，我們可以得出這樣的結論：生氣還是不生氣，完全可以由自己做主。看明白、想清楚了，你也就沒有什麼生氣的理由了。

很多時候我們總認為是別人傷害了我們，招惹我們生氣，從不

考慮問題是否出在自己身上，其實未必都是別人的錯，何苦一定要生氣呢？生氣就是你把別人吐出來的氣接到自己的口中，反覆咀嚼，越嚼越氣，越嚼越反胃，最後傷的是自己；如果你不在意它，不去理會它，那些氣就會自動消失。

生氣傷害身體，知道這個道理的人還真不少，可是真正能夠做到不生氣的人並不多。

生氣的結果只能是氣自己、傷自己、毀自己。

生氣的三分鐘儀式

生氣這個話題似乎總是與女性連接在一起。

在聚會的茶語之間，曾經與朋友們討論如何分辨一個三十歲左右的女人是已婚還是未婚這個有趣的話題。大家認為時代在進步，現在的已婚女性不再是過去那種黃臉婆了，三十多歲的女人打扮一下，出門照樣是一個光鮮的二十歲美女。

最後大家總結出幾個簡單的辨別方法：一是看起來總是繃著個臉不高興的女人；二是對人和事有過多挑剔的女人；三是愛發火和生氣的女人。這幾類女人一般就是「已婚婦女」。

有人說：「女人有生氣的權利，生氣是女人最擅長的溝通武器。」與其說生氣是女人的權利，不如說生氣是女人的武器，女人透過生氣來顯示自己很重要，以此引起別人的關注。

女人生氣的時候，常常是不管不顧、一瀉千里地宣洩，彷彿有一個巨大的影子鑽進了她們的內心，導致情緒膨脹、心眼變小，鑽牛角尖。最後的結局是，氣得自己不吃不喝、雙眼紅腫，甚至直喊氣得胸悶。有些女性說，生氣之後的幾天胸會悶得感覺喘不上氣，腹部墜著好沉重。

大家都知道，目前子宮頸癌和乳癌的發病率一直居高不下。

為什麼會有那麼多的子宮頸癌和乳癌？其實有些就是生氣惹的禍。

最初只是不愉快，時間久了，小氣憋成大氣，要麼積在胸部傷乳腺，要麼積在腹部傷宮頸。之後成為囊腫乃至腫瘤，最後惡化，就出現癌症病變了。

有句順口溜《好好愛自己》:「好好活，別生氣，我氣死了，她人笑；我的房子她人住，我的車子她人開，我的老公她人睡，我的孩子她人揍。想想也不值，我幹嘛要生氣。」

如果想生氣、要發火的時候，怎麼辦？

把生氣作為一種儀式，給自己三分鐘發洩和調整。自己監督自己，不容許自己在壞情緒中逗留太久。

有的女性會說：我知道生氣不好，會氣壞身體，但是他人那樣說我、看我，我真的沒辦法不生氣。

今後發火時，請你想一想，你為這些事生氣值不值得？除了氣壞你的身體、增加對立情緒之外，還有哪些好處？至於別人怎麼看，怎麼做，那是別人的事，何苦為了別人的看法和做法自己氣自

己呢？生氣實在不值得！

有句話說得好：「人如果遇到不如意的事，千萬不要發火。因為如果是你的不對，那應該生氣的是別人而不是你；如果你是對的，你更不應該生氣，否則，你是在拿別人的錯誤懲罰自己。」

有時候，我們可以容許自己用三分鐘來生氣，釋放一下自己的壞情緒，但是，我們絕對不要在壞情緒中逗留太久。女人一定要懂得愛自己！

生氣是用別人的錯誤懲罰自己，生氣只會讓心與心之間的距離越來越遠。

溫柔能馴服「獅子」

在講課或培訓中，我常常會問女性學員們一個問題：從來不向老公生氣或發火的女性請舉手！結果，沒一個人舉手，會場中只有一片笑聲。

我又問：「為什麼要跟老公生氣發火呢？」

有學員回答：「他是我老公呀，我有生氣的權利。」

原來老婆有跟老公發火的權力呀！

有些女性在家裡氣量特別小，為一句話，甚至一個眼神、一個態度就會生氣，根本不考慮是否需要生氣，似乎生氣就是女人的專利。這個專利不用白不用，因為他是我老公嘛！那麼，老公有沒有生氣的權利呢？面對一個經常生氣發火的老婆，老公也會生氣，甚至還會要求離婚。

一位婦女因為丈夫不再喜歡她而煩惱。於是，她祈求神能幫助她，教會她一些吸引丈夫的辦法。神思索了一會對她說：「我也許能幫你，但是在教會你方法之前，你必須從活獅子身上摘下三根毛給我。」

恰好有一頭獅子經常來村裡遊蕩，但牠非常兇猛，人們看見牠就嚇破了膽，怎麼敢接近牠呢？但是，為了挽回丈夫的心，這個婦女還是想到了一個辦法。

第二天早晨，她早早起床，牽了隻小羊去那頭獅子常去的地方，放下小羊她便回家了。以後每天早晨她都牽一隻小羊給獅子。不久，這頭獅子便認識她了，因為她總在同一時間、同一地點放一隻小羊來討牠歡喜。她確實是一個溫柔、殷勤的女人。

不久，獅子一見到她便開始向她搖尾巴打招呼，並走近她，讓她敲牠的頭、摸牠的背。每天女人都會站在那，輕輕地拍牠的頭，撫摸牠。有一天，獅子終於完全信任她了。於是，她細心地從獅子的鬢上拔了三根毛。她激動地拿給神看，神驚奇地問：「你用什麼絕招弄來的？」

女人講了經過，神笑了起來，說道：「妳可以依照馴服獅子的方法去馴服妳的丈夫了。」

第十三章　不生氣

黃建勛繪製

這個婦女用溫柔、殷勤的行為善待獅子，將兇猛的獅子馴服了。在生活中也一樣，老公是用來愛的，不是用來發火的。溫柔的女人懂得將老公訓練得更愛自己，而不是總黑著臉訓斥老公。聰明的女人能用溫柔的方法馴服獅子，也一定能用溫柔的方法征服老公。

不生氣、不發火的女人就是婚姻中的勝者。

白頭到老的五比一黃金比例

怎樣的夫妻能夠白頭到老？在婚姻期間能預測嗎？心理學家在實證研究中做到了，當然這不是算命，而是實實在在的心理實驗。

著名的情緒專家西雅圖大學的約翰·高特曼（John Mordecai Gottman）教授，在一九九二年時曾對七百對夫妻的十五分鐘隨機談話內容進行了觀察研究，之後由他的研究小組替這些夫妻之間的情緒互動評分，並且以正、負面情緒五比一為基準線，預測十年後哪些夫妻會離婚，哪些夫妻仍會在一起。

難道心理學家透過一段十五分鐘的談話交流，就能預測這對夫妻是否白頭到老？就敢斷定這對夫妻的婚姻是否美滿？聽起來是不是有點不可置信！事實上，這項實驗的最終結果還真的蠻準確的。那麼，這其中的玄機又在哪裡？

高特曼教授是這樣分析的：在婚姻或者戀愛關係中，如果夫妻間的正面情緒互動與負面情緒互動的比例是五比一，這對夫妻就會白頭偕老。如果低於這個比例，或者正、負面情緒接近一比一，那麼這對夫妻就很有可能會離婚。

五比一的言語互動是夫妻間能否白頭到老的黃金比例。已婚者可以自己測試一下：你與愛人在生活中談話時，是正面、積極、肯定、讚許的語言多，還是負面、貶低、挑剔、否定、質疑的語言多？你們夫妻之間的言語互動是高於五比一，還是低於五比一？

生氣是負面情緒的頭號代表，生氣不僅傷害身體、影響人際關

係，還是破壞婚姻和危害夫妻感情的元凶。

積極正面的語言，讓婚姻充滿芳香的氣息、溫柔的氣場、愛的清泉和幸福的音符；負面消極的言語，讓夫妻之間硝煙瀰漫、戰火不斷，冷眼相對，最後分道揚鑣。

第十四章　不抱怨

抱怨隨處可見

抱怨在人們生活當中隨處可見，比如上班快遲到了正好又遇到塞車；比如去了一家餐廳吃飯，飯菜做得不合口味；比如下班回家的路上遇上暴雨；不慎損壞或遺失心愛的物品等等，這些都有可能引起抱怨。

抱怨包括：牢騷、批評、吹牛、嘮叨、不滿和意見。

有人說，沒人能做到不抱怨，抱怨也未必沒有好處，心裡委屈、不舒服的時候，就是要抱怨，該說的話必須要說，傾訴能夠減緩內心的煩惱和不愉快。

人人都會抱怨，看來抱怨一定有它存在的道理。抱怨的好處有兩點。

好處之一：抱怨是情緒的發洩管道。

許多人會抱怨，那是為了獲得他人的同情和安慰，似乎抱怨了就能得到別人的理解和幫助；還有人認為發牢騷，說點抱怨的話，會給自己發洩的管道，並不覺得會帶來什麼壞處。

看來，抱怨有大片滋生的土壤。

我們會聽到閨中密友在抱怨另一半；會聽到同事在抱怨老闆；也會時不時地向身邊親近的人傾洩自己的抱怨。我們生活在一個充滿了抱怨的世界裡。抱怨令我們不負責任，抱怨教我們博取同情，所以我們不斷地表露自己的抱怨，又不斷地招致別人的抱怨，周而復始地相互傳遞著抱怨。

好處之二：抱怨是人際關係的入場卷。

抱怨背後的秘密，就是充當人際關係的入場卷。當我們與某人初次見面時，很少有人會馬上開口讚美對方，這會有奉承之嫌。多數時候我們會抱怨一種社會現象、公共環境或天氣狀況，找到一點交流的共鳴，以此來增進雙方的好感。

特別是朋友聚會的時候，抱怨似乎是大家共同感興趣的話題。彷彿不參與，你就會成為另類；當然，你參與的結果就是看見更多的負面。

抱怨的危害

許多人在生活中都會無意識的去抱怨。抱怨天氣、抱怨塞車，大家覺得抱怨不滿意的事情並沒什麼不妥，也沒感覺到為生活帶來了什麼壞處。抱怨是一種不滿情緒的釋放。

「抱怨是在講述你不要的東西，而不是你想要的東西。」

既然是你不要的東西，你為什麼要去關注它呢？

從表面看，抱怨似乎是在不經意地流露不滿情緒，只是在發洩不滿情緒，其實抱怨的背後卻是在進行一種三角關係的遊戲。

在抱怨者的三角關係遊戲中，抱怨者自己充當被害者的角色，被譴責的那個人充當壞人的角色，旁邊還有一個傾聽者。抱怨者會突出自己的不幸和苦難，甚至會擴大或扭曲那個壞人所做的事，以贏得傾聽者對自己的同情，希望傾聽者一起來譴責那個壞人。傾聽者會有壓力，必須同情抱怨者，否則會覺得自己內疚，覺得自己也不是好人了。

這個過程很糾結。從表面看是一人受益，抱怨者發洩後會感到舒服，但事實上，三者都是被害者。

抱怨者喋喋不休，自己很不幸；那個招惹他的壞人，其實根本不知道有人如此怨恨自己；傾聽者則是最無奈、最可憐的應聲者，左右為難。抱怨的結果是三方受害。

抱怨是在給失敗歸因。生活中常見的抱怨有：沒有獲得事業成功，是因為從小的教育環境和家庭背景不夠好；沒有考上好學校，是因為老師猜題不準確；沒有拿下訂單，是因為同事的專案做得不夠好；經常失戀，是因為自己不是「高富帥」或「白富美」等等。

事情失敗了，習慣歸咎於他人的不體貼、不配合或不支持，都是在逃避責任。抱怨不僅成為我們成功最大的敵人，還影響著人際關係。

抱怨會讓我們陷入負面的情緒、負面的生活及工作態度之中；我們會習慣性地在他人身上找缺點，包括最親密的人，而不是審視

自身，我們會變得挑剔和計較。

抱怨會影響人們的快樂心情。不抱怨的人是快樂的，沒有抱怨的世界最令人嚮往。

抱怨是生活中的鹽

抱怨有很多危害，但抱怨並非一無是處，就像湯裡放鹽不是壞事一樣，除非放過了量。不要過分抱怨，沉迷其中，形成一種習慣，把抱怨當成唯一的選擇。

古代曾經發生過的一場戰爭，就是因為一位樵夫的抱怨而引起的。

有一個樵夫，總覺得自己需要辛苦工作才能獲得收入，心理非常不平衡。有一天，他越想越氣，便在飯桌前對著妻子大大地埋怨了一番，弄得妻子心情也不好，並遷怒到正在廚房裡做菜的女兒，女兒也很火大，盛怒之下，炒菜時一不小心多放了一勺鹽。這下子，樵夫更生氣了，覺得自己的人生已經夠悲慘了，居然連頓好飯也沒得吃。

於是，飯後他氣沖沖地回到山上去砍柴，一邊砍，一邊氣急敗壞地對其他的樵夫訴說自己那「倒霉的人生」，越講越氣。一個不小心斧頭飛了出去，打中了一個路人，那路人不是別人，正是路經此地的鄰國王子。鄰國國王氣得派兵大舉進攻，一場戰爭就此爆發。

抱怨是生活中的鹽，有點抱怨，給生活增添一點佐料，未必是壞事；抱怨多了，肯定不是一件好事，甚至會招惹大麻煩。

抱怨是生活中的鹽，一點點就足夠了。

不抱怨的紫手環

黃建勛繪製

第十四章　不抱怨

《不抱怨的世界》隨書贈送給讀者一個紫手環，其目的是訓練讀者養成一種好習慣：不說抱怨的話。如果說一句抱怨的話，就將紫手環從左手轉移到右手，直到有一天，一句抱怨的話都不說，連續堅持二十一天不移動紫手環。

為什麼要選擇贈送一個紫手環呢？為什麼要透過反覆移動紫手環來提示不抱怨呢？紫手環背後有怎樣的寓意呢？

紫手環背後的重要寓意就是心理暗示。

不少人手上或身上都會戴著一些信物，比如我手上就戴著一條紅色的手環。二〇〇七年秋季我去九華山的時候，寺廟的一位女住持聽說我腰扭傷未痊癒，當即送給我這手環，意思是保佑我腰痛早日康復。當時繫上時蠻高興的，可是在事後兩年中，依然是舊病復發過兩次。

之後我總結了腰痛的原因：缺乏持續性的鍛鍊。結果在最近三年中，這個手環成為提醒我每天都要鍛鍊的警示物，成為一個真正有價值的心理暗示。

心理學家巴夫洛夫（Ivan Petrovich Pavlov）認為，暗示是人類最簡單、最典型的條件反射。

曾經接待過一位來訪者，一直糾結於往事，已經嚴重影響了身體健康。

我對她說：「你手上的翡翠手鐲有名字嗎？」

問了三次，她都沒有明白，反問我：「手鐲還要有名字嗎？」

我說:「我們就給這個手鐲取個名字，從現在起這手鐲就叫『當下』吧。從今以後，當你抱怨昨天的事、埋怨今天的人、迷茫明天會怎樣的時候，你就撫摸著『當下』，反覆唸手鐲的名字，告訴自己要活在當下，不為昨天煩惱，不為明天憂慮，也不抱怨今天，珍惜當下，讓自己過好每一天。」

一個開光祈福的信物，可以成為我們行善積德的提醒；一件喜愛的飾品，可以成為提醒我們愛惜身體、珍愛生命的警示物。

任何一件與我們有緣並隨身攜帶的物品，我們都可以賦予它使命和意義。

第十五章　不計較

受傷的總是我

一個快樂的人，不是因為他擁有的多，而是因為計較得少。

生活中的不如意和煩惱常出現，如果總是為一點小小的得失悲悲戚戚，捂著「傷口」，四處尋求他人的同情。結果會如何呢？

> 森林中有一隻小猴子，不小心被樹枝戳傷了胸部，於是牠捂住傷口搖搖擺擺地回家。一路上遇到其他猴子時就露出傷口，以博取牠們的同情。猴子們為了表示關心，都撥開牠的傷口，仔細的檢視，並且七嘴八舌地建議牠如何治療。就這樣，原來的小傷口逐漸變成了大傷口，並且嚴重感染發炎了。就在小猴子奄奄一息時，其他的猴子為了表示友愛，紛紛跑來看牠，每個還要扒開傷口檢視，希望牠恢復活力，甚至抱著牠蹦蹦跳。經過這三番兩次的折騰，小猴子承受不了，終於氣絕身亡了。其他猴子不相信牠竟因小傷而死，再次搖晃牠，希望牠能起死回生，一直到小猴子的屍體發臭，才黯然地把牠埋葬。

生活中類似的事情也時常發生。當我們遇到一些挫折或不如意的時候，我們習慣性地去四處申辯，使本來並不嚴重的事情變得越來越複雜。有些事情可以經由時間的淡化或情緒的調節自行解決。可是，有時親朋好友過分的熱情反而會使誤會不斷加深，甚至達到不可收拾的地步。

如果這時，能夠靜下心來仔細想想，我們就會發現，即使講給別人聽了，也無法實際上幫到我們，還不如自己消化呢。相反，如果我們把這些事情看成生活對我們的考驗，考驗我們能否冷靜地面對挫折，我們也許就能在坦然中將「小事化了」了。

「事情總會過去的」，「困苦只會讓我變得更強壯」。其實，任何事情本身都沒有什麼好壞之分，問題在於你怎樣去看待它。

當你過多關注於抱怨、計較和負面的東西，你的世界就是負面的。

你心裡想什麼，你的眼睛就會看見什麼，語言就會表現什麼，你的世界就是什麼。

吃虧是福

有些人在辦公室或書房裡懸掛清朝著名畫家、「揚州八怪」的代表人物鄭板橋的那句「難得糊塗」，其實，鄭板橋膾炙人口的座右銘還有一句：「吃虧是福」。吃虧到底能給我們帶來什麼福氣呢？

曾經在電視上看見這樣一則報導。

菜市場上女商販和相鄰的男商販因為爭顧客而產生了爭執，在激烈的爭吵中，女商販認為自己不僅損失了顧客，還被

男商販咒罵，覺得自己太吃虧了，心裡很不甘心。在哭喊中打電話叫她的丈夫前來報仇雪恨。結果女商販的丈夫是一個脾氣火爆的人，拿著菜刀就衝到男商販的攤位，上演了一場混亂的血戰，最後釀成了殺人慘案，丈夫被判死刑。失去丈夫的女商販痛苦萬分，這時才後悔自己不應該一時衝動，為了幾句話而斷送了兩個人的生命，毀了兩家人的幸福。

「吃虧是福」的確可以帶來福氣。

(一) 吃虧帶來的是生命安全的「福」，能活著就是幸福；

(二) 生命安全了，遇事有驚無險，大事化小，小事化了。

(三) 吃虧的還能有悔過自新的「福」，活著就有悔過的機會，就有改正和挽救的可能。

吃點小虧，心裡會有一時的不愉快，但換來的是「和氣生財」。有時不吃虧，到最後反倒會吃大虧。「小不忍則亂大謀」、「退一步海闊天空」，這些充滿智慧的勸導是一代又一代人用血的教訓換來的警世名言。

為什麼人們不願意讓自己吃虧呢？

人的本能是利己的，在無止盡的欲望背後，隱藏著自私。

著名作家林清玄曾說：「人要常有歡喜心，有蝦摸蝦，無蝦洗褲，並常把福分給予別人。」

可是很多人卻是摸到了蝦，又惦記著魚；摸到了魚，又想著更大的魚。一邊盯著別人，看別人的蝦是不是比自己的多，看別人的魚是不是比自己的大；一邊又是思來慮去的，計較、盤算著，越算越覺得自己很吃虧，所以總是鬱悶、總是不快樂。

當你站在別人的角度看問題的時候，你就會減少對事情的抱怨和計較；吃虧帶來的是活著的幸福。

第十六章　同理心

換位思考

當一個人學會不生氣的智慧，不抱怨、不計較，學會換位思考，懂得吃虧是福時，就是在修身養心，就在走向智慧的修心之道。

「換位思考」在心理學中的專業名詞是「移情」，移情就是常說的同理心。

同理心（Empathy）一詞最早是由人本主義大師卡爾·羅傑斯（Carl Ransom Rogers）提出的。同理心一詞也被譯為換位思考、移情、同感和共情等。

心理學上的同理心是指：站在他人的角度和位置上思考、處理和解決問題，理解對方的內心感受。

一把堅實的大鎖掛在大門上，一根鐵桿費了九牛二虎之力，還是無法將它撬開。無奈，只好聘請小巧玲瓏的鑰匙來試試。只見弱不禁風的鑰匙輕輕地鑽進鎖孔，輕巧地一轉身，大鎖「啪」地一聲就打開了。

粗大的鐵桿不解地問：「論身體你沒有我大，論體力你更是比不上我，為什麼你輕而易舉地就把它打開了呢？」

小巧的鑰匙說：「因為我最了解它的心。」

其實，每個人的心就像上了鎖的大門，即便你力大如牛，如果沒有同理心，仍然打不開別人緊鎖的心門。

在日常生活中如果能設身處地、將心比心地站在他人的角度去思考問題，學會感同身受、體察他人內心需求的能力，這個世界將會擁有更多的美好。

角色置換效應

在社會心理學中，人們把雙方的角色在心理上加以置換從而產生的心理效應現象，稱為角色置換效應，也就是站在對方的角度思考問題。

有一個男人，他厭倦了每天奔波的生活，開始埋怨老婆整天待在家裡，希望老婆能知道他每天在外打拚多麼不易。於是他禱告祈求：「上天啊，我每天辛苦工作八小時，而我的老婆卻待在家裡。我要讓她知道，我是怎麼過的，求你讓我和她的身體調換一天吧。」

第二天一早，他醒來時，上天已經滿足他的心願，這個男人已經成為一個女人。鬧鐘一響就起床，給老公準備早餐，叫醒孩子們，為他們穿上校服；裝好他們的午餐，然後開車送孩子們上學。回到家後洗衣物，繳電話費，去超市採購；回到家，打掃貓盒，給貓洗完澡，一晃中午了，又忙著打掃房

間，整理床鋪，疊衣服，擦洗廚房的地板；四點了衝到學校接孩子們。

回來後給孩子準備好點心和牛奶，督促孩子們做功課；然後燙衣服，洗菜、燉肉，準備晚餐；晚飯後，開始收拾廚房，給孩子們洗澡，送他們上床。晚上九點，這個變身後的男人已經撐不住了。

睡前他跪在床邊，祈求上天：「老天爺呀，我真不知道自己是怎麼想的，我怎麼會傻到嫉妒我老婆成天待在家裡呢？求你，哦，求求你，讓我們換回來吧！」

具有無限智慧的主回答他：「我的孩子，我想你已經嘗到苦頭了，我會很樂意讓一切恢復原來的樣子。但是你不得不再等上九個月，昨晚，你懷孕了……」

這個故事與法國電影《對換冤家》很相近，片中以一個獨特的角度討論夫妻問題。從夫妻間決定互換社會角色開始，透過簡單的遊戲方式，讓男女雙方學會理解對方的需求，站在對方的角度去思考問題，這個電影很有啟發性，角色互換，讓這對夫妻的感情更緊密，更加知道彼此在生活中的角色和責任。

在現實生活中，面對孩子、家人、朋友，懂得角色置換很重要。

「我們大人要蹲下來和孩子站在同樣的高度，才能夠與孩子看到同樣的世界。」一位家長曾發出這樣的感慨。如果家長蹲下身子保持與孩子同樣的高度，用孩子的心態去了解孩子的需要，用孩子的語言與他們溝通，將心比心地站在孩子的角度，就能與孩子愉快地溝通，建立良好的親子關係。

當我們站在別人的立場上，設身處地的為別人著想，用別人的眼睛來看世界，用別人的心來理解這個世界，這個世界會更美好。

兩好合一好

古時候有兩個鄰居，一個叫梁好，另一個叫葛一好，兩家世代隔牆而居，友好相處，其樂融融。村裡其他人都很羨慕，問他倆：「為什麼發生在其他鄰里身上的糾紛不會發生在你們兩家人的身上呢？」

梁好、葛一好異口同聲地說：「鄰里之間相處時不可能沒有摩擦的，我家的狗咬了他家的雞，他家的豬拱壞了我家的菜地，小矛盾總是不斷發生。當事情發生時，我們兩家都會把自己當成是對方，讓自己站在對方的角度上去面對問題，當我們接納了自己的失誤，也就接納了對方的問題。」

有句話叫「兩好合一好」，又稱為「兩好並一好」，意思是兩邊都往好處想，都往一個方向想，就是一個大大的好。

無論是夫妻，還是好友、鄰里，能多年相處融洽、和諧共處，一定是雙方站在對方的立場上，願意多為對方著想，多去理解對方的需求，一定是有一方付出得更多，計較得更少。

兩好合一好的人們常常會想這樣的問題：也許我也會經歷這樣的時候，也許我也會遇到這樣的事情，那時我會怎麼樣呢？

將心比心

婆媳關係是最難相處的。因為在不少人看來，媳婦是別人的女兒，婆婆是別人的媽媽。如果是這樣的心態，婆媳關係又怎能相處得融洽呢？

有兩個婦人在聊天，其中一個問道：「你兒子還好吧？」

「別說了，真是不幸呀！」這個婦人嘆息道，「他真夠可憐的，娶的老婆懶得要命，不做飯、不掃地、不洗衣服、不帶孩子，整天就是睡覺，我兒子還要端早餐到她的床上呢！」

「你女兒呢？」

「我那女兒可是好命呀。」

婦人滿臉笑容地說：「她嫁了個不錯的丈夫，不讓她做家事，全部都由先生一手包辦，煮飯、洗衣、掃地、帶孩子，而且每天早上還端早餐到床上給她吃呢！」

同是母親，為兒子操心，對兒媳一肚子怨氣；同時卻對女兒嫁一個能幹體貼的好丈夫讚不絕口。

還有一段幽默笑話。

妻子正在廚房炒菜。

丈夫在她旁邊一直嘮叨不停：「慢些，小心，火太大了。趕快把魚翻過來，快剷起來，油放太多了！把豆腐整平一下。哎喲，鍋放歪了。」

「請你閉嘴。」妻子生氣地脫口而出，「我懂得如何炒菜，你不要那麼多廢話。」

「你當然懂，太太。」丈夫平靜地答道，「我只是要讓你知道，我開車時，你在旁邊喋喋不休，一會兒要我踩剎車，一會兒要我開慢點，一會兒讓我踩油門，你想過我的感受如何嗎？」

將心比心是指拿自己的心去衡量別人的心，形容做事應該替別人著想。所以在生活中，如果我們站在別人的立場看問題，站在對方的角度去思考，很多事情就不一樣了。工作順心、鄰里和睦、家庭和諧都需要彼此將心比心。

因為在這個世界上，誰都不願意受到傷害，所以也不要去傷害別人。如果一個人能為別人著想，別人也會為你著想，真誠換真心。如果人人都能做到這一點，世界就會更加平和、安寧，生活也會更加和諧和快樂。

將心比心很簡單：自己不願意承受的事情，不要強加在別人身上；不能把自己的快樂建立在別人的痛苦和煩惱之上。

第十七章　好人有好報

寬容以待

華人的家教中有句很經典的話：「吃小虧占大便宜。」能否把吃虧看成是得福，是衡量一個人胸襟是否寬大的尺。

在美國一個市場裡，一位亞洲婦人開的店鋪生意特別好，引起其他店主的嫉妒，有人開始故意把垃圾堆放在她的店門口。每次發生這樣的事情，這位亞洲婦人不僅不計較，反而微笑著把垃圾清理掉。

旁邊賣菜的一位老外觀察了她好幾天，忍不住問道：「他們把垃圾掃到你這裡來，你為什麼不生氣？」中國婦人笑著說：「在我們國家，過年的時候都會把垃圾往家裡掃，垃圾越多就代表賺的錢越多。現在每天都有人送錢到我這裡，我怎麼能拒絕呢？你看我的生意不是越來越好了嗎？」

賣菜的老外聽到這些話，忍不住伸出大拇指：「亞洲人太聰明了！」從此以後，那些垃圾竟然不再出現了。

黃建勛繪製

寬容是做人的一種美德，這位婦人的生意能越做越好，就是採取了寬容的方式。假如與鄰居針鋒相對，結果可想而知。許多生意上的矛盾和糾紛就是不懂得寬恕而引發的。

做生意倡導與人為善、和氣生財，這也是一個好商人的智慧。

自己堵自己的路

在現實生活中，我們經常能遇見氣量特別小的人。氣量小的人不能容人，面對小事情，總是計較個不停，或者沒完沒了地追究。

明代才子馮夢龍在《廣笑府·尚氣》篇中記載了這樣一個故事。

從前，有父子二人，都自詡性格剛直，生活中從來不對人低頭，也不讓人，且不退後半步。一日，家中來了客人，父親命兒子去集貿市場買肉。兒子在肉舖買了幾斤上好的肉，轉身回家，來到城門時，迎面碰上一個人，雙方都寸步不退，也堅決不避開，於是，就這樣面對面地挺立在那，相持了很久很久。

日已正中，家中還在等肉下鍋待客，父親不由得焦急起來，便出門去找買肉未歸的兒子。剛到城門處，看見兒子還僵立在那，沒有半點要讓人的意思。父親先是大喜：「這真是我的好兒子，性格剛直無比。」然後，看了看與兒子僵持的人，大怒，這是何人，竟敢如此放肆。他上前一步，大聲說道：「好兒子，你先將肉送回去，陪客人吃飯，讓為父站這裡，與他對抗！」

話音剛落，父親與兒子交換了位置，兒子回家去烹肉待客，父親則站在那個人的對面，如怒目金剛般挺立不動，惹得眾多圍觀者指指點點、譏笑不止。

生活中「自己堵自己的路」並不少見，與人寸土必爭，堅決不讓步，甚至別人一句話說得不中聽，就唇槍舌劍、針鋒相對，不僅落得雙方頭破血流、兩敗俱傷，還會引起眾人的嘲笑。其實，有時讓他一讓又何妨？

讓人先行，自己盡享友情歡快；不讓人行、堵別人的路，自己也沒路可走。

海克力斯效應

「吃虧」與「占便宜」這兩個詞，我們小時候就知道。去幼稚園之前，家長們就會告誡孩子：「別搶小朋友的東西，不要占別人的便宜。」同時也會教育孩子：「別讓小朋友搶你的東西，看好你的書包，別吃虧」。很少有家長對孩子說：「別人搶你的東西，你就給他；小朋友打你，你就忍住。吃虧是福。」在家長的眼裡，個人利益神聖不得侵犯，不能讓自己的孩子吃虧。

為什麼人們不願意讓自己吃虧？

前文已經說過，人的本能是利己的，在無止盡的欲望背後，隱藏著自私。維護個人在應得範圍內的所得，這是正常的利己；超出個人應得範圍的所得，那就是自私。如果一個人能在正常的應得範圍內再少得一些，這就是吃虧。

第十七章　好人有好報

心理學中將「以眼還眼，以牙還牙」、「以其人之道還治其人之身」、「你跟我過不去，我也讓你不痛快」，這種人際間或群體間存在的冤冤相報的心理稱為「海克力斯效應」。

希臘神話故事中有位英雄大力士，叫海克力斯。一天，他走在坎坷不平的路上，看見腳邊有個像鼓起的袋子樣的東西，很難看，海克力斯便踩了那東西一腳。誰知那東西不但沒被海克力斯一腳踩扁，反而膨脹起來，並成倍成倍地變大，這激怒了英雄海克力斯。他順手拿起木棒砸向那個怪東西，那東西竟膨脹到把路給堵死了。

海克力斯奈何不了它，正在納悶，一位聖者走到他跟前對他說：「朋友，快別動它了，忘了它，離它遠去吧。它叫仇恨袋，你不惹它，它便會小如當初；你若侵犯它，它就會膨脹起來與你敵對到底。」

仇恨正如海克力斯所遇到的這個袋子，開始很小，如果你忽略它，矛盾化解，它會自然消失；如果你與它過不去，加恨於它，它會加倍地報復。

寬人是一種氣度，寬己是一份胸懷，更是一種積極的情緒體驗。

有些人整天感到心理不平衡，怨氣頗多。

為什麼我的工作量比某某的大，薪資卻不高？

為什麼某某的獎金拿那麼多？

為什麼老闆不理我，我被出賣了？

為什麼某某的出差費用能全部報銷？

為什麼出國進修沒有我的名額？

不僅工作如此，在生活中也是斤斤計較，每天的生活都在埋怨、妒忌和猜測中度過，「為什麼吃虧的總是我」成為堵在怨恨者心中的一塊硬石頭。

患得患失引起的心理失衡，不僅使人的情緒變得焦躁不安，還會影響人的身心健康。長期下去，健康沒了，吃虧的還是自己。

什麼是「互惠原則」

互惠原則是指：對方怎麼對待我們，我們就怎麼對待對方。當一個人受到另外一個人的恩惠或幫助時，他會希望自己也能透過同樣的方式去回報這份幫助。「互惠」是一種回報的心態。這種接受他人的恩惠，再去回報他人恩惠的互惠行為，是人際交往的黃金法則。

有位心理學家做過一個實驗。他隨便拿來一疊名片，將一批聖誕賀卡寄給名片中素不相識的人，希望研究一下收件人的心理狀態。結果呢，大多數收到賀卡的人都回寄了聖誕卡給這位心理學家。心理學家為此得出這樣的結論：人有一種無心的、自發式的互惠本能反應。這種人類的互惠行動，是一種行為反應。

第十七章　好人有好報

當認識的人給你好處，你會想回報那個人；就算是陌生人送來不具有實際意義的好處，你也會想回報對方。比如收到陌生人寄來的聖誕卡，而回寄卡片者的行為就是互惠行動的實例。因為人類的大腦在接受到「好處」時，一般都會意識到：「對方對我這麼好，我就要更好地對待對方。」正如常言所說：滴水之恩，當湧泉相報。

有些理論家甚至提出一種假說：人的大腦有一個「交換器官」，這個「交換器官」專門負責追蹤和公開自己跟別人之間的相互關係：是否欠別人的人情，或別人是否虧欠了自己。

「知恩圖報」和「有仇必報」是人類兩種典型的「互惠」心理狀態。

世界上沒有無緣無故的愛，也沒有無緣無故的恨。許多時候，我們如何去對待別人，別人就會怎樣對待我們。

第十八章　行善行孝

百善孝為先

比爾蓋茲（William Henry Gates III）曾說：「天下最不能等待的事情，莫過於孝敬父母。」

> 有一個年輕的秀才，愛上了一名女子。他不知道這個女子是魔鬼變的，為了討這個女子歡心，秀才傾其所有，盡其所能。一天，魔鬼對秀才說：「只有吃了你母親的心，我才能快樂。」秀才毫不猶豫地答應了。黑夜裡，秀才捧著媽媽的心，匆匆趕往魔鬼身邊，經過一片樹林地時不小心摔了一跤，心被拋出去老遠。秀才費勁地從地上爬起來的時候，聽到那顆心在問：「我的兒，摔痛了嗎？」

兒時流著眼淚聽完這個故事，當時充滿了對那個秀才的憤恨。長大之後才發現身旁這種「娶了老婆忘了媽」的男人還真是不少。

怎樣才能做一個孝順的兒女呢？

年輕的時候每當說到「孝順」時，會認為敬愛父母、照顧好父母就是孝順。隨著年齡的增長，意識到：做一個有孝心的兒女也許不難，但是，能做到一個凡事都讓父母順心的兒女，卻並不是很容易。

第十八章　行善行孝

記得三十多歲的時候，那時父母親還沒有進入老年，行動自理、思維敏捷，常常會因為一些不同的觀點而與父母頂撞和爭執，有時還會發脾氣，不懂得忍讓，只是一味地撒嬌；最近幾年，眼看著年近八十的母親行動逐漸遲緩，說話語氣緩慢，常常坐在那裡一語不發。突然覺得父母就像一個無助的孩子，言行依賴著兒女，生活品質和心情指數也依靠著兒女的對待在升降。

看著風燭殘年、白髮蒼蒼的父母，即使再強硬的嘴、再要強的舌，也不敢在父母面前隨意地放肆言辭了。

如今我理解了孝順的內涵：孝順就是兒女對父母真心的忍讓、敬愛、順從和周到；孝順是兒女送給老年父母最實在的愛；孝順就是全心地敬愛父母、全力地順從父母，讓父母開心、快樂、滿意、舒適地度過每一天；孝順是兒女對父母養育之恩最好的回報。

有時面對年邁的父母，會想一個問題：幾十年之後，自己的晚年過得如何呢？

與其說如今對父母的敬愛孝順是在回報父母的養育之恩，不如說是在用榜樣的力量給兒女們一個現身案例。

孝順的道理很簡單：老年人的今天，是中年人的明天，也是青少年的後天。

鱔魚護子

古時候有個姓周的讀書人特別愛吃鱔魚，這一天朋友送給他幾條鱔魚，他打算煮一鍋清燉鱔魚湯。

讀書人將魚放入鍋中，在鍋子底下用小火緩緩加熱，水溫逐漸變高，只見那些鱔魚仍自由自在地在鍋裡游著，絲毫未覺死神已慢慢地向牠們伸出了無情的雙手。據說，用這方式煮，鱔魚沒有經歷宰殺的過程，沒有掙扎，所以肉質就不會緊繃，口感也特別好。

那一鍋湯慢慢煮沸了，讀書人將鍋蓋掀起，發現了一個奇特的現象：鍋中有一條鱔魚只有頭部跟尾巴在煮沸的湯中，整個腹部都向上弓著，露在沸湯之外。

讀書人看到這種情形，十分好奇，便將這條形狀奇特的鱔魚撈出，取了一把刀，將鱔魚彎起的腹部剖開，想要看個清楚。

令他大吃一驚的是，剖開的鱔魚腹中竟藏著滿滿一肚的魚卵！原來這是條母鱔魚，為了保護肚子裡的孩子，情願將自己的頭尾浸入沸湯之中，而將腹部弓起，避開滾熱的湯水。

讀書人看到這一幕，呆呆地不知在原地站了多久，淚水潸潸地流個不停，尋思鱔魚捨命護子，自己對母親卻沒有盡到孝道。從此，他發誓不再吃鱔魚，並對母親加倍地尊敬與孝順。

黃建勛繪製

連鱔魚也知道護子，「可憐天下父母心」這句話實在是感天動地。

有一年生日的時候，我去看望母親，與母親一起吹生日蠟燭，歡度生日。晚上與母親一起躺在床上，拉著母親的手，輕輕地揉搓著，猛然間覺得自己的手與母親的手一模一樣，只是她的手更柔軟、更無力。

望著媽媽的手，一陣百感交集。就是這雙手，把屎把尿的把我養大。小時候，無論是冬天的毛衣，還是秋天的棉褲，都是媽媽這雙手一針一線織的。兒時許多個晚上，都會看見媽媽在燈下給一家五口人做衣服、織毛衣，白天媽媽還要工作八小時。就是媽媽這雙手供我讀書，牽著我走進學校，一路風塵，給過我無數的支持和幫助。

如今這雙手已經沒有了當年的力氣和靈巧，弱弱的、顫抖著，猶如那搖曳的蠟燭，能量的輸入全靠兒女精心的護理和安頓。

想到龍應台《目送》中那段文字：「所謂父女母子一場，只不過意味著，你和他的緣分就是今生今世不斷地在目送他的背影漸行漸遠。你站在小路的這一端，看著他逐漸消失在小路轉彎的地方，而且，他用背影默默地告訴你：不用追。」

兒女對老年父母多一分體貼和理解，做父母的就會多一分喜悅和滿足，多一分晚年的幸福。

幸福有始有終。兒女幸福的開始是父母給的，父母幸福的終結是兒女給的。

行善是一份感恩

善舉是發自內心的一種真誠的付出，人們通常會被行善之人一個親切的行為而感動。

行善和感恩，會讓人們的內心產生一種美好的感覺，這種感覺在提醒我們：「你能幫助他人，你對他人有用，你可以成為一個有

愛心的人。」

記得當年爸爸因為醫療事故去世後，家裡接待了一對老夫妻。那位年邁的老者在父親的靈柩前痛哭不已，之後道出了一個家人不知道的秘密。

我小學二年級的時候，有一次無意間掉進了一個沒有井蓋的下水道，當我在驚嚇中放聲大哭的時候，一個十七八歲的男孩一把將我從下水道中拉了出來，而那個大男孩就是這對老夫妻的兒子。

第二天父親上門去大男孩的家中表示感謝，發現這對老夫妻是一對低收入戶，夫妻兩人身體都不好，常年患病。當時父親將身上僅有的一百元都留給了這對夫妻。從那時起，每個月父親都會給這對夫妻生活費。錢雖然不多，但對他們來說，這是一份珍貴的情誼。而我母親也是在父親去世的時候才知道了父親的這段往事。

「一定要對別人更好點！」正是父親這樣的教育，我一直堅守著「要對別人更好」的做人理念。在付出給予中，我感受到了更多的喜悅；在行善施愛中，得到了更多的滿足和幸福。

一個人給予別人的幸福和快樂越多，自己得到的幸福和快樂也就越多。

人心換人心

「幫人如幫己」與俗話所說的「善待別人，就是善待自己」同出一轍。

記得小時候父親對我說：你對別人好，別人也會對你好。記住了父親的話，我有了很多的朋友。上國中後，父親又對我說：「如果在你的朋友中，有比你更願意付出、更不在意吃虧的人，這個人就是你最值得珍惜的朋友。」

這麼多年了，不在意吃虧，要比你的朋友付出更多，使我贏得了我的好朋友，也正應了那句話：「人心換人心，黃土變成金。」

一個人要贏得另一個人的心很容易，那就是要學會吃虧。這個世界上沒有人喜歡愛占便宜的人，所有的人都喜歡愛吃虧的人。那種不計較個人得失，願意多付出一些，甚至願意讓自己吃虧的人，就會贏得別人的心。而另一個懂得以更大的吃虧方式來回報你的人，就是你所贏得的好朋友。「吃虧是福」就是這個道理。

心理學家做過一個測試：請全班學生在一張紙上寫出自己認為最有好感的五個同學的名字，同時也寫出自己最討厭的五個同學的名字。心理學家在最後統計時發現了一個規律：凡是自己認為有好感的那些人，往往也是對自己有好感的人；而自己討厭的那些人，往往也是討厭自己的人。

人與人之間的關係往往是互相的。愛與恨、善與惡、喜歡與厭惡，都是互相的。當我們用欣賞的目光看別人時，別人也會向我們投來欣賞的目光；當我們用鄙視的態度對待別人時，別人也會投來鄙視的言語。

慈善的人在助人行善中實現自身價值，並獲得快樂和健康。

解語

人世間最美的慈善不只是簡單的金錢施捨，而是要擁有一顆寬厚仁慈的善心、一顆願意幫助他人分擔的熱心。慈善的人，快樂了他人，也快樂了自己；慈善的人，具有更高的幸福感、更持久的幸福力。

PART 4　情緒篇
幸運是一種能力

幸運的人，心懷希望，具有堅定的意志力、挫折復原力和頑強的韌性；幸運的人，擁有強大的積極心理資本，他們是「社交磁鐵」，有極強的心理免疫力；幸運的人，用微笑贏得機會，用勇氣戰勝困難。

第十九章　希望的力量

潘朵拉的盒子

潘朵拉（Pandora）是希臘神話中的第一個凡間女子。普羅米修斯（Prometheus）盜火給人間後，主神宙斯（Zeus）為懲罰人類，命令火神用黏土塑成一個年輕美貌但虛偽狡詐的女孩，取名潘朵拉，意為具有一切天賦的女人，然後將她許配給普羅米修斯的弟弟伊比米修斯（Epimetheus）。

在舉行婚禮時，宙斯命令眾神各將一份禮物放在一個盒子裡，送給潘朵拉。普羅米修斯當即就警告伊比米修斯，千萬不要接受宙斯的禮物，並反覆叮囑他一定不能打開。但潘朵拉是一個好奇心很重的女人，普羅米修斯的反覆叮囑使她產生了打開盒子的欲望，她想：「一個普通的盒子何必藏得這麼隱密？而且蓋得又這麼緊，到底為什麼呢？」

趁伊比米修斯外出時，潘朵拉悄悄打開了盒子，結果一團煙衝了出來，盒子裡面並沒有潘朵拉期待的東西，反而飛出了各種惡習、災難和疾病。當盒子裡只剩下唯一美好的東西「希望」時，潘朵拉就將盒子永遠地關上了。

後來人們就將「潘朵拉的盒子」比喻造成災害的根源，也喻為即使人類不斷地遭受苦難、被生活折磨，但是心中總是留有最可貴的希望，因為希望的存在，人類才能自我激勵、充滿信念地活著。

「潘朵拉的盒子」雖然關閉了希望，但是人類心中的希望卻是生命中最美好的東西。希望的力量不僅能改變命運，還能讓我們生活得更美好。

希望是美好的東西，也許是世界上最美好的東西，只有美好的東西是不會輕易逝去的。

—— 電影《刺激 1995》

希望理論

法國作家莫泊桑 (Guy de Maupassant) 有一句名言：人是生活在希望中的。

「希望」的詞語解釋為：心中最真切的幻想、盼望、期望、心願。

「希望理論」的倡導者斯耐德 (Charles Richard "Rick" Snyder) 認為，希望不僅指一個人對實現目標充滿信心，更要對自己制定的計劃，以及達成目標的有效途徑充滿信心。

斯耐德提出構成希望的三個要素：目標、路徑思維、動力思維。

目標是希望的核心部分，它既是希望的起點，又是希望的終

點；路徑思維和動力思維是完成目標的信念和主要力量。

怎樣才能提高一個人的希望水準？

心理學家的研究結果表明，提高希望水準的路徑有三點：一是確立目標；二是堅定信念；三是積極行動。

二〇〇七年夏季，博士畢業後，我一直在為自己今後要走哪一條路而舉棋不定。秋季一個偶然的機會遇見了「幸福課」，積極心理學就像一盞明燈，成為了我生命中的導航。

如何全面研修這門最先進的心理學學科？如何將這個滲透著東方佛教文化根基的學科推廣普及，通俗地傳遞給更多人？

這年的冬季，我給自己確立了一個五年目標和計畫：五年中只做一件事，專注研修積極心理學；五年中要出版五本書：通俗易懂的積極心理學大眾普及讀物；五年中要成為這門學科中講課最多、最有特色的老師。

在明確目標之後，我開始了幸福心理的探索之旅。每天堅持八小時的有效工作時間，不到兩千天的時間裡，閱讀了上千萬字的學術文獻，記錄了幾百萬字的讀書筆記，撰寫了上百萬字的寫作手稿。每一天，明確的目標都與內心美好的希望融為一體，隨著時光的流逝，在堅持中凝聚生成了一份心想事成的幸運。

希望是改變命運的一盞明燈。有些人，一生幸運；有些人，一生坎坷。無論是遭遇不幸，還是與邂逅幸運，好運與厄運都是人生的一場考驗。面對厄運，不怕不懼，心懷希望，堅信困苦總會過去；面對幸運，不驕不躁，坦然接受，駕馭幸運乘勝前進。

希望是一份積極向上的力量，能夠讓人們去編織心中的美夢，也能促使人們去尋夢、追夢和圓夢。一個人只要心存希望，生命中就會充滿無窮的熱情。

人生不設限

「當你打算放棄夢想時，告訴自己再多撐一天、一個星期、一個月，再多撐一年吧。你會發現，拒絕退場的結果令人驚訝。」

說這句話的人是一位出生時就沒有四肢，跌倒再跌倒，一直被人嘲笑著，經歷過漫長的挫折與黑暗，從失望到絕望再到希望的奇人——尼克·胡哲（Nicholas James Vujicic）。

尼克·胡哲一九八二年出生於澳大利亞。他一生下來就沒有雙臂和雙腿，只在左側臀部以下的位置有一個帶著兩個腳趾頭的小「腳」，他自稱「小雞腿」。這種罕見的現象在醫學上被稱為「海豹肢症」。

尼克·胡哲出生之後，看到兒子的樣子，他的父親嚇了一大跳，甚至忍不住跑到醫院產房外嘔吐。他的母親也無法接受這殘酷的事實，直到尼克·胡哲四個月大時才敢抱他。

父母對這一病症發生在尼克·胡哲身上感到無法理解，多年來他們到處諮詢醫生卻始終得不到醫學上的合理解釋。尼克·胡哲的母親一直在自責，作為一名護士，她懷孕期間的一切都是按照規矩

做的。但是，面對現狀，雙親並沒有放棄兒子，而是希望他能像普通人一樣生活和學習。

父親在他十八個月大時就把他放到水裡，教他游泳；六歲時，父親開始教他用兩根腳趾打字；進入小學之後，尼克·胡哲難免會受到同學欺凌；八歲時，尼克非常消沉，有一次他衝著媽媽大喊：「我想死。」，十歲時的一天，他試圖把自己溺死在浴缸裡，但是沒能成功。在這期間，雙親一直鼓勵他學會戰勝困難，他也逐漸交到了朋友。

直到十三歲那年，尼克·胡哲看到一篇刊登在報紙上的文章，介紹一名殘疾人自強不息，給自己設定一系列偉大目標並完成的故事。他受到啟發，決定把幫助他人作為人生目標。

隨後發生的是一些不可思議的的事情，尼克·胡哲學會了騎馬、打鼓、游泳、足球。在他看來，這個世界上沒有做不到的事情。他擁有兩個大學學位，是企業總監，更於二〇〇五年獲得「傑出澳洲青年獎」。

年僅三十歲的尼克·胡哲已踏遍世界各地，接觸逾百萬人。他為人樂觀幽默、堅毅不屈，熱愛和鼓勵身邊的人。尼克·胡哲的故事也激勵和啟發了很多年輕人。

「人生最可悲的並非失去四肢，而是沒有生存希望及目標！人們經常埋怨什麼都做不到，但如果我們只掛念著想擁有或欠缺的東西，而不去珍惜所擁有的，那根本就改變不了問題！真正改變命運的，並不是我們的機遇，而是我們的態度。」

尼克在演說中曾表示盼望將來能找到一個神為他預備的妻子，在二〇一二年二月十二日情人節前夕，尼克·胡哲的美夢實現了，他結婚當了新郎。

尼克·胡哲，這個生下來就沒有雙臂和雙腿的人，從一無所有，到一無所缺。他用自己的行動顯示了什麼叫「永不放棄」，什麼是希望的力量。

人的一生可以沒有很多其他東西，但是唯獨不能沒有希望。希望是人類生活中一項重要的價值支撐。擁有了希望，人類才能生生不息的繁衍下去。

尼克·胡哲的故事告訴我們：希望和陽光一樣，對每個人都是公平的，也是免費的。

上帝在我生命中有個計畫，透過我的故事給予他人希望。

——尼克·胡哲

第二十章　挫折復原力

漂亮的生命越挫越勇

積極心理研究者們做過一個實驗：將一隻大白鼠丟入裝了水的器皿中，牠會拚命地掙扎求生，而一般維持的時間是八分鐘左右。

然後，他在同樣的器皿中放入另外一隻大白鼠，在牠掙扎了五分鐘左右的時候，放入一個可以讓牠爬出器皿的跳板，這隻大白鼠活了下來。

若干天后，再將這隻大難不死的大白鼠放入同樣的器皿，結果令人吃驚：這隻大白鼠竟然可以堅持二十四分鐘，比一般情況下能夠堅持的時間高出三倍。

積極心理研究者認為：前面的一隻大白鼠，因為沒有逃生的經驗，牠只能憑自己本來的體力來掙扎求生；而有過逃生經驗的大白鼠卻多了一種精神力量，牠相信在某一個時候，會有一個跳板救牠出去，這使牠能夠堅持更長的時間。這種精神力量，就是積極的心態，是內心對一個好結果心存的希望，也是一種抗擊挫折的能力。

黃建勛繪製

為什麼有的人被挫折和失敗所擊垮，喪失自信變得情緒失控？為什麼有的人即使身處險境，卻能越活越勇敢？為什麼有的人面對無數困苦，依然活得漂亮精彩？

為什麼大多數人沒有獲得成功，只有少數人登上成功的高峰呢？

心理學家研究發現，原來我們每個人身上都具備一種潛在的抗挫折力量。當一個人戰勝一次挫折時，就會為今後更好地面對挫折

增添了一份抵抗力，為再次應對挫折提供了「實戰準備」。每個人的「抗挫潛能」只有在逆境中才能獲得和激發。

這種能夠在不良的環境下成功面對並克服各種壓力和變化，從逆境和挫折中恢復過來，進而維持正常生活的能力，就是「挫折復原力」。

生活總是不如意，讓我們遭受挫折；生活總是不順心，讓我們遍體鱗傷。但到後來，那些受傷的地方一定會成為我們最強壯的地方。

世上沒有絕望的處境，只有對處境絕望的人。再絕望的絕境，都只是一個過程，都有結束的時候。

成長需要雕琢

「玉不琢，不成器；人不學，不知義」是《禮記》中的一段話，意思是美玉如果不經過精雕細琢，就不可能成為精緻的玉器；人若不認真學習，就永遠不會懂得更多的知識和道理。

從前，有一座山，山上有兩塊相同的石頭。幾年後這兩塊石頭發生了截然不同的變化，一塊石頭成為雕塑，受到很多人的敬仰和崇拜；另一塊石頭卻成為路邊石，被人搬來搬去，還經常遭到踐踏、損毀。路邊的這塊石頭心理極不平衡地的對雕塑說道:「老兄呀，三年前，我們曾經是一座山上同樣的石頭，今天卻產生了這麼大的差距，我的心裡特別痛苦。」

雕塑答道：「老弟，你還記得嗎？三年前來了個雕塑家，你不願意改變，害怕一刀刀割在身上的痛，你請求他只要把你簡單雕刻一下就可以了。而我呢，那時就想像著未來的模樣，樂於改變，也不懼怕割在身上的刀痛。於是，雕刻家在我身上錘子砸，鋼鋸鋸，刻刀刻，砂布磨……我經受的改變是你的數倍，我忍受的痛苦比你多得多，這才造就了今天你和我的不同。」

路邊石聽了這一席話，既慚愧，又後悔。

現實中這樣的事情還很多，許多兒時的玩伴、同校的同學、公司的同事，就在十幾年間改變了。在歷經生活的磨礪之後，有的人成為了眾人敬仰膜拜的雕塑，而有的人還是一文不值的路邊石。

王爾德（Oscar Wilde）說：「世上只有一件事比遭人折磨還要糟糕，那就是從來不曾被人折磨過。」近九成的人都認為，挫折有助於人的成長和成熟，挫折能使人變得更加堅強。就如鐵塊需要經過火燒、錘打、淬火這三道工序，才能打製成一把鋒利的刀。

輕度的挫折是一種「精神補品」，也是一種「心理免疫疫苗」。

再造四十五歲的春天

網上的數據顯示：亞洲男性普遍生存壓力大。被調查的男性中有百分之六十六點七有夢想，百分之十四在詢問生命的意義；百分

之二十四的男性沒有私房錢，百分之二十五的男性一年連一次旅行都沒有，百分之五十五的男性只考慮「如何賺到更多的錢」……

做一個男人真的不容易。特別是年過四十五歲的職場人士，更是不易。在職場中有「四十五歲現象」，就是四十五歲之後如果沒被提拔，那麼基本就沒有升遷的希望了。

四十五歲是男性一生中最關鍵的黃金交叉點。醫學界將四十五歲稱為「中年剪刀」的軸。科學家的研究表明，如果用「U」型曲線來表示人生的幸福感，那麼青少年和老年時期的幸福感最強，中年最弱，大學時候正是幸福感開始降低的起點，而「谷底」就在四十五歲左右。

四十五歲男人的外貌改變就是最明顯的提醒：腰身多了一些贅肉，體重增加，開始「發福」；黑髮見少灰白頭髮漸多，鬢角的髮際線開始退後，出現「禿頭」的現象。這時，工作和家庭的負擔曲線卻是呈向上升的趨勢。不少四十五歲左右的男人，面對鏡子中的自己，心裡開始有一種惶惶不安的感覺。在家庭、情感和孩子面前，許多男士都可以應對，唯獨在事業上能否順利地發展，成為男士們主要的心理壓力。

無獨有偶，在動物王國裡，老鷹也有四十歲生存困惑的問題。只是老鷹在突破了困惑期之後，就成為了世界上壽命最長的鳥類。

老鷹年齡可達七十歲，要活那麼長可真不容易。其實，老鷹在四十歲的時候就面臨著異常困難的抉擇，要麼面臨死亡，要麼選擇重生。

當老鷹活到四十歲時，牠的爪子開始老化，無法有效地抓住獵物；牠的喙變得又長又彎，幾乎碰到胸膛；牠的翅膀變得十分沉重，因為牠的羽毛長得又濃又厚，飛翔的時候十分吃力。

老鷹只有兩種選擇：等死，或者經歷一個十分痛苦的更新過程。

這時，一部分老鷹會選擇一次長達一百五十天的重生歷練。

老鷹必須很努力地飛到山頂，在懸崖上築巢。首先用牠的喙擊打岩石，直到喙完全脫落，然後靜靜地等候新的喙長出來。它會用新長出的喙把指甲一根一根拔出來。當新的指甲長出來後，牠們便把羽毛一根一根的拔掉。五個月以後，新的羽毛長出來了，老鷹開始飛翔，得以再活三十年。

老鷹重生的故事是男人四十五歲人生改變的極好參照。四十五歲現象，與其說是華人特色，不如說是生命再生的機會。如果說人生的第一次青春是上天賦予的，那麼，第二次青春「四十五歲」則是靠自己創造的。

老鷹再生的過程，選擇的是在改變中發展。消除變形的喙，捨棄沉重的羽毛，徹底地放棄陳舊的負擔，在血淋淋的改變中，等待重獲新生。

生命在改變中發展，在放棄中重生；生命只有經過蛻變的痛苦，才能變得持久和強大。

第二十章　挫折復原力

一個人如果一事不冒險、一事不做、一無所有、一無所是、一無所就，他可能就避免了受苦與悲傷，但他根本就是沒學習過、沒感受過、沒改變過、沒成長過、沒愛過、沒活過。

第二十一章　心理資本

積極心理資本

信心、樂觀、希望、韌性是積極心理學中關於美德和優秀特質的一些核心概念，也是近幾年來經濟學、行為科學和積極心理學關注的新話題 —— 心理資本的關鍵要素。

提到資本，我們自然會想到企業經營中的幾項資本：財力資本、人力資本和社會資本。

過去企業在發展時會強調資金、市場和技術，如今開始關注企業精神、團隊文化，以及最具價值核心競爭力的管理者和員工。一個企業，除了擁有財力資本、人力資本和社會資本以外，還有一個非常重要的資本，就是心理資本。

財力資本是指一個企業發展中擁有的使用資金；人力資本是指一個人具備的知識與技能，強調「你知道什麼」；社會資本是指你有什麼社會和人脈資源，強調「你認識誰」；而心理資本關注的重點是一個人的心理狀態，強調「你是誰」及「你想成為什麼」，關注的是人的自我認知和心理素養。

心理資本是超越人力資本和社會資本的一種核心的心理要素。《心理資本》一書的作者弗雷德．盧森（Fred Luthans）教授認為，

第二十一章　心理資本

企業的競爭優勢不是財力，不是技術，而是人。人的潛能是無限的，而其根源在於人的心理資本。

任何人，不論是管理者還是員工，都有一個心理資本。他的心理資本狀況是優良，還是糟糕，對工作業績和企業發展至關重要。

什麼是「心理資本」呢？讓我們先看一個小故事。

有一天，農夫的一頭驢子不小心掉進一口枯井裡，農夫絞盡腦汁也想不出好辦法，驢子還在井裡痛苦地哀嚎。

最後這位農夫決定放棄，便請來左鄰右舍幫忙將枯井中的驢子埋了，以免除牠的痛苦。農夫和鄰居人手一把鏟子，開始將泥土鏟進枯井中。當驢子瞭解到自己的處境時，剛開始牠哭得很悽慘，彷彿末日來臨了。但是，出人意料的是，一會兒之後這頭驢子就安靜下來了。

農夫好奇地探頭往井底一看，眼前的事實讓他目瞪口呆：眾人鏟進井裡的泥土落在驢子的背部時，驢子的反應出奇的冷靜和理智，牠沒讓泥土將自己掩埋，而是將泥土抖落在一旁，然後站到鏟進的泥土堆上面，並將這些泥土踩實。

就這樣，驢子將大家鏟在牠身上的泥土全數抖落在井底，然後再站上去。很快，隨著腳下泥土不斷加高，驢子上升到井口，然後在眾人驚訝的表情中躍出井口，快步跑開了！

透過驢子的故事，我們瞭解了積極心理資本的四個重要要素：自信、希望、樂觀、堅韌。

（一）信心。在生命面臨挑戰時，求生欲望很強，一定要活下來，不肯放棄。

（二）樂觀。保持樂觀良好的情緒，表現得出奇的冷靜和理智，不斷地抖落身上的泥土。

（三）希望。遇到困境，能夠積極應對；鍥而不捨，抖落身上的土並將它踩在腳下。

（四）韌性。為了生存，不懈地努力和爭取，最終躍出井口，獲得新生。

在職場中，積極的心理資本、樂觀的工作態度，能讓職場人建立豐盈強大的心理資本，戰勝各種困難和挫折，獲得更好的心理免疫力。

積極心理資本是職場人士快樂工作、快樂生活的核心力量。

心理免疫力

「情緒樂觀活百歲，情緒不好百病生」，這個道理很多人都知道，但是情緒對身體的影響到底有多大？心理和免疫之間到底有著怎樣密切的關聯？

一九七四年，紐約羅徹斯特大學的心理學家羅伯特·艾德（Robert Ader）對大白鼠進行實驗時，獲得了一個突破性的發現：精神可以影響免疫系統。羅伯特·艾德提出了「心理神經免疫學」

(Psychoneuroimmunology，PNI) 這個詞。從此後，心理神經免疫學開始全方位地研究免疫系統是如何和大腦交互作用並對健康產生影響的。

在這個驚人的發現之前，醫學上一直認為大腦和免疫系統是兩個獨立自主的系統，不可能互相影響。

「心理神經免疫學」的誕生，用科學依據告訴人們：人的心理情緒及信念彼此相依，人的情緒並非與免疫系統井水不犯河水。

《開創生命的奇蹟》一書中有一個案例故事。

> 作者阿諾德·福克斯 (Dr. Arnold Fox) 有一次接到一個叫史蒂夫的病人打來的電話。
>
> 史蒂夫在電話那頭的聲音很微弱，驚慌失措，充滿了恐懼和痛苦。
>
> 怎麼回事？原來史蒂夫最近剛申請了一項保險計劃，在慣例體檢時，三十二歲的史蒂夫得到了出人意料的結果：保險公司說他感染了愛滋病病毒。
>
> 這個消息讓史蒂夫覺得天塌了下來。當史蒂夫來到福克斯的診室時，他看上去糟透了：皮膚發白，眼睛布滿血絲，手不停的顫抖，身體顯得非常虛弱，還流著虛汗。
>
> 史蒂夫跌坐在凳子上說：「結婚五年以來，我們夫妻彼此都很忠誠，我說的是實話，我沒出過軌，我從不吸毒，也沒有輸過血。難道我真的感染了愛滋病毒嗎？」

福克斯對史蒂夫說：「檢查結果有時也會出錯。你沒有任何高危險行為，那麼再檢查一次吧。等待檢查結果時，我會為你做幾個免疫系統的測試。」史蒂夫同意再做一次檢查。

幾天後，福克斯得到了史蒂夫的免疫系統檢查報告。情況似乎很不妙，免疫系統的各項指數都非常低。從結果看，他似乎真的染上了愛滋病毒，而且已經開始發病了。但是，幾天後福克斯拿到他的愛滋病檢查結果：陰性。

陰性，意味著史蒂夫沒有愛滋病。福克斯第一時間給史蒂夫打電話，告訴他這個好消息，但是也告訴了他一個壞消息——他的免疫系統非常脆弱。史蒂夫緊繃的心情放鬆下來，但他還是不放心：「為了保險起見，我們能再做一次檢查嗎？」。

「當然。明天到我診室來。」

很快，第二次結果又出來了。愛滋檢查結果還是陰性，免疫系統檢查結果數據也比上一次好，但各項指數仍然很低。福克斯打電話告訴史蒂夫，他體內沒有任何愛滋病毒的蹤跡，史蒂夫喜出望外。但福克斯依舊擔心史蒂夫的免疫系統會出問題，希望史蒂夫做第三次檢查，他欣然應允。兩週後，史蒂夫來到診室接受更多檢查。

大約又過了一週，當福克斯拿到史蒂夫的第三次檢查結果時，驚訝地發現：史蒂夫的免疫系統呈現了最佳狀態。

第二十一章　心理資本

短短的幾週時間裡，是什麼讓史蒂夫的免疫系統好轉地如此之快呢？

答案很簡單：史蒂夫的心理情緒影響了自身免疫力。

最初，保險公司錯誤告知史蒂夫感染愛滋病毒之前，這位年輕人的心理狀態相當好，是一個內心快樂、身體健康的人。在接到錯誤的診斷書之後，不高興、驚恐和擔心等負面情緒將史蒂芬包圍。他感受到的都是自己得了愛滋病，沒辦法治療了，潛意識中似乎已經看見了自己病情加重、日漸虛弱，進而面臨殘酷而痛苦的死亡的場景。悲慘的場景已經充滿了他的內心，這些意念和負面情緒成為了自我兌現的預言，可怕的事情全都變成自我兌現的現實。

內心的虛弱，讓史蒂夫的身體真的開始虛弱了，進而開始影響他的免疫系統，結果免疫系統還真的崩潰了。當他得知第二次檢查結果安然無事後，心裡的恐懼和擔心減少了，免疫系統隨之有所改善。接著，當第三次檢查確定他沒有感染愛滋病後，他的心理完全放鬆，猶如雨後彩虹，烏雲雷電全沒了。內心產生的念頭都是積極、樂觀、美好的。而那些積極的想法又開始描述他多麼健康，感覺有多好，免疫系統如何強大，會活多久等等。這些積極的意象淹沒了過去那些壞的念頭，他的免疫系統恢復了原狀。

我們心裡想到的東西、感受到的情緒，我們的身體都能在第一時間裡體悟到，甚至能順著這些意念和潛意識進行自我兌現。

用科學術語來說，發生在史蒂夫身上的事，那些心理的情緒變化為身體帶來直接的影響，就是醫藥科學的一個全新分支 —— 心理神經免疫學。

科學已經證明了：大腦中的任何想法都會影響身體。

神經系統對我們的情緒、脾氣以及免疫系統都會產生深刻的影響；免疫系統的每個細小細胞都有特別的感受器，讓心靈和身體、心靈和免疫系統能夠直接通訊。身心是相連的，是彼此影響的。

心理神經免疫學這門學科得出的結論：免疫系統像人腦一樣，具有學習能力。和很多人一樣，史蒂夫不知不覺地讓自己的心靈與身體作對，特別是和免疫系統作對。他的大腦把壞思維轉化成有害「訊息」，即命令免疫系統效率降低的荷爾蒙和其他生化物質。於是，他有可能會染上那種細菌所產生的疾病。所幸，當積極的想法、滿溢的歡樂和寬慰，都被心靈轉化成產生止痛作用和快感的內啡肽等物質時，他的免疫系統再次高速運轉，並讓他感覺良好。

我們每個人都有自己的「心理免疫力」。積極心理學的核心思想就是在每個人的心中種下「積極的心理免疫力」，讓我們身心健康、快樂幸福地生活。

正面思考的習慣、積極樂觀的念頭、積極的自我意象和心理暗示，幫助我們建立強大的心理免疫力，讓我們擁有堅韌不拔的意志和抗挫折的能力。

第二十一章　心理資本

一種美好的心情比十副良藥更能解除生理上的疲憊和痛楚。

——馬克思（Karl Marx）

第二十二章　社交磁鐵

世上沒有陌生人

「這個世界上沒有陌生人。」這是多年來我一直很喜歡的一句話。

小時候很好奇爸媽是怎麼認識的，於是纏著媽媽問：「你和爸爸怎麼認識的？是一生下來就認識的，還是走在路上遇見的？」

媽媽回答：「在一間公司工作認識的，過去都不認識，是陌生人。」

很多親密無間的夫妻也是從不認識的陌生人到最後結婚成為一家人的。可以說，陌生人與朋友、親人之間其實只有一紙之隔，而且這張「紙」本來就不存在。

對絕大多數人來說，如果沒有這張無形的紙，就可以由陌生人成為很好的朋友。但是彼此設防，不輕易與陌生人接觸，使不認識的人都成為了陌生人。

徐滔是一名主持人，在一檔節目中，主持人要她選擇一個最能代表自己對生活感受的詞，徐滔選擇了「感動」。

徐滔說，有一位刑警負責偵辦一個案子，工作很繁忙。他的太太懷孕幾個月了，每次只能自己去醫院體檢。一天，太太又要去體

檢，她對丈夫說：「別人都有丈夫陪同，你就陪我這一次吧。」但這位刑警根本就抽不出時間。

刑警說：「我們擁抱一下吧，我的擁抱有魔力，會有人照顧你的。」妻子在去醫院的路上，真的碰到許多好心人的幫助。在擁擠的公車上，她身後站著的一位長者對坐著的一個年輕人說：「給這位孕婦讓個座吧！」在醫院排隊，她後面的一位孕婦指著她又對她前面的孕婦說：「讓她排到前面吧！」到了醫生面前，醫生看到她，就說：「你一個人來的？來吧，我先給你檢查。」回到家，妻子有些不解地對丈夫說：「你的擁抱真有魔力，今天居然到哪兒都有人幫助。」丈夫笑著從她背後取下一張小紙條給妻子看，紙條上寫著：「我是一名刑警，由於工作關係，我實在抽不出時間陪妻子去醫院檢查，請您替我照顧她吧！謝謝！」原來丈夫在擁抱她時，把這張紙條悄悄貼在了她的背上。

一路上幫助她的人都是陌生人，他們彼此不知道對方的姓名和職業，但他們彼此卻有了愛的付出和愛的感知。當然，刑警留下的這張紙條起了一定的作用，它使陌生人了解孕婦的真實處境。而這位忙得顧不上家的刑警儘管在忙著抓壞人，但他卻相信，社會上除了他正在緝捕的壞人，絕大多數陌生人都是好人。

其實生活中人與人之間的陌生，是由於彼此缺乏信任，缺少了解，於是別人在你的眼中是陌生人，你在別人眼裡也是陌生人。

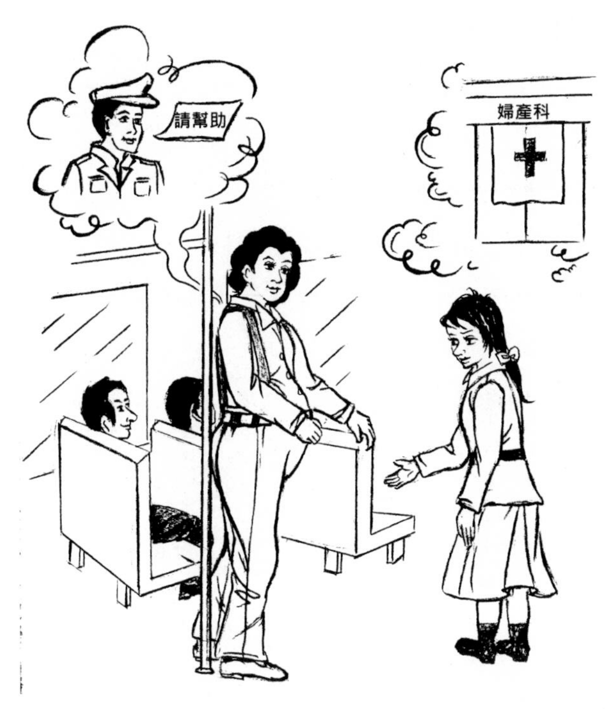

黃建勛繪製

如果大家對陌生人能多一份理解，多一份信任，相信陌生人絕大多數是好人，是像自己一樣的好人，善待陌生人，在別人需要幫助的時候主動伸出友愛之手，那麼，我們的生活就會變得更加和諧、更加美好。

世上沒有陌生人，只有還不曾認識的朋友，以及還未相見的朋友。

感恩是道德的根

這些年經常會聽到這樣的話:「某某某不懂感恩，道德沒了根。」

曾經遇見過這樣一件事情。

有一位上高中的男孩成績不錯，一直以來都是衣來伸手、飯來張口，對父母為他做的一切都沒有任何反應，連一個簡單的謝謝都不曾說過。

母親忍不住對兒子說:「今後上學、放學的時候應該向父母打招呼問好，吃飯前後要向父母表示感謝，並要說爸媽辛苦了。」

兒子說:「你們這是把我當小貓小狗在訓練。」

母親又說:「我們每天為你做這麼多的事情，你說聲『謝謝，辛苦了』並不過分。」

兒子繼續說:「不是說母愛是無私的嗎？」

母親說:「父母對兒女的愛是無私的，但是，兒女對父母的愛也應該是無私的。每個人的需求都是一樣的。你心裡想要的享受、想得到的照顧，其他人也一樣希望有人這樣對自己。」

在獲得別人給予的照顧和幫助時，學會說「謝謝」、「感謝您」、「辛苦了」這些感謝的話，是每個人必須要會做的事情，這是一個簡單的德行教育，但是如今很多孩子並不懂、不會，也不在意。

沒有感恩、沒有珍惜，就沒有道德之根，也無法得到別人長久的支持和給予。感恩到底能給人們帶來什麼益處？

美國《華爾街日報》在感恩節前夕發表了以下一篇文章，概括了近年來科學家們對感恩的研究。

感恩的人有許多好處：感恩的人更健康；感恩的人更幸福；感恩的人更樂觀；感恩的人朋友更多；感恩的人不容易憂鬱、嫉妒、貪婪或酗酒；感恩的人賺更多錢；感恩的孩子成績更好；感恩的孩子較少頭痛、胃痛等。

感恩是最強的幸福「催化劑」，它可以讓我們常常感受到幸福，享受生活的美好。

社交磁鐵

心理學家注意到這樣的現象：有些人看上去好像身上有磁鐵一樣，能夠把其他人都吸引過來。

這些人無論是參加聚會，還是出席會議，陌生人都會主動來和他們攀談；當他們走在大街上，也常常會有人向他們問路或者打聽時間。

心理學家將這類人稱為「社交磁鐵」。在深度研究後心理學家們發現，具備社交磁鐵的人都是生活中的幸運者，這些幸運的人在生活中的機遇和好運比其他人更多。

為什麼這些人能夠吸引別人呢？

第二十二章　社交磁鐵

心理學家理查德·懷斯曼（Richard Wiseman）邀請了一些心理學的同行，前來觀看他對幸運者和不幸者所做的訪談錄影。

懷斯曼把訪談中的聲音都消掉了，這樣，觀看的專家們就無從得知訪談的對象中哪些是幸運的人，哪些是不幸的人。

懷斯曼請每位專家記錄訪談者的表情和行為舉止並打分。專家們記錄了這些人微笑的次數和進行目光接觸的次數，還對他們使用的特定手勢做了筆記。

專家們發現：幸運的人和不幸的人之間存在著非常大的差異。

（一）微笑：幸運者微笑的次數大約是不幸者的兩倍；

（二）目光接觸：幸運者的目光接觸要比不幸者多很多。

（三）肢體語言：幸運者和不幸者之間最明顯的差異在肢體語言方面。

於是專家們開始比較他們的「開放式」和「封閉式」的肢體語言。

肢體語言有兩種：一種是封閉性肢體語言，另一種是開放性肢體語言。

當人們把手或者腳交叉起來，比如，雙手交叉抱著手臂，還有把身體背離正在和他們說話的人的方向時，或者是不停地用手觸摸鼻子、耳朵或眼睛等動作，這些肢體行為就是「封閉性」肢體語言。

「開放性」肢體語言則恰恰相反，人們把身體朝著正在和他們說話的人，手和腳是分開不交叉的，常常用攤開的手掌做出手勢。

專家們最後統計的結果是：幸運者更善於使用「開放性」肢體語言，而且使用的次數大約是不幸者的三倍。

這次觀看訪談影片的研究結論是：幸運的人是透過肢體語言和面部表情將其他人吸引到他們的身邊的。

專家們還發現，這些人之所以能夠吸引別人，是因為他們在不自覺的情況下表現出的肢體語言和面部表情，在別人看來是非常有魅力和吸引力的。

有人會說，原來幸運的人表現出的行為模式是如此簡單呀。

看到這裡，我們是不是需要仔細想一想，在社交活動或者工作中，我們的肢體語言是怎樣的？我們有沒有「社交磁鐵」？我們是幸運的人嗎？

幸運的人們擁有與眾不同的「社交磁鐵」:「開放性」的肢體語言、真誠的微笑、專注的眼神，他們在無形中吸引著別人。

第二十三章　真實的微笑

十九種微笑

如果有人問：你會微笑嗎？答案一定是：誰不會笑？的確，人人都會微笑。心理學家們發現：笑是人類最古老的交流方式之一，微笑比語言出現得更早。但是，如果繼續問：微笑有多少種？微笑有沒有真笑和假笑的區別？猜想知道的人就不多了。

最早發現人類有十九種微笑的人，是美國的心理學家保羅．艾克曼（Paul Ekman）。保羅．艾克曼的故事也是熱播美劇《謊言終結者》（Lie to me）的靈感來源，裡面的許多故事藍本都是艾克曼的人生經歷。如今保羅．艾克曼已經是世界知名的心理學專家、全球首席表情測謊大師。

早在一九六七年前往位於太平洋西南部的新幾內亞的土著人部落時，保羅．艾克曼就從那些與世隔絕、「沒有一點文化」的「原始人」臉上發現了人類擁有的共同的微笑。

保羅．艾克曼證實了人的表情是與生俱來的，也就是說，現代文明人和野蠻人的表情是一樣的。人類的面部表情中一共有十九種微笑，其中，有十八種為假笑，是不真實的微笑，只有一種微笑是「真實的微笑」。只有真實微笑的人，才有發自內心的快樂。

當我們聽完一段低俗的笑話後，很尷尬，但是為了表示禮貌，我們還是會禮貌性的微笑一下；有時在聽到一個恐怖或者是不可思議的消息時，為了掩飾自己的緊張，我們需要表示一種附和的微笑；還有那些惡作劇的壞笑、諂媚的微笑、嬌羞的微笑、苦澀的微笑、職業性的微笑、輕蔑的微笑，以及嘲諷的微笑等等，是十八種微笑的表現形式。這些不真誠的微笑，不是積極情緒，而是消極情緒的偽裝。

心理學將這十八種微笑稱為「非快樂性微笑」。長期假笑會形成心肌缺氧，帶給身體傷害，在心理學上，也被稱為「虛假的積極情緒」。「虛假的積極情緒」有時也是致命的，比如「微笑憂鬱症」等等。

艾克曼在研究中還發現，早在一八六二年就有一位法國的精神病專家紀堯姆．班傑明．杜興（Duchenne de Boulogne）提出了「嘴角向上翹，眼圈肌收縮，表現內心充滿甜蜜情緒的微笑，才是真實的微笑」的理論。

當年，杜興先生正在治療一位因為面部肌營養不良而導致面部表情喪失的病人，用電擊刺激病人的眼角與顴骨附近的肌肉時，竟然發現這位面癱患者的臉上產生了微笑的表情。但是，當時的學術界根本沒關注杜興提出的這個「真實的微笑」。

第二十三章　真實的微笑

黃建勛繪製

杜興認為：嘴部的微笑並不一定代表快樂，只有眼睛周圍的肌肉收縮和嘴角的微笑同時出現，才是真正的微笑。如今這種「杜興式微笑」在心理學界被稱為真實的微笑。

當我們嘴角上翹，顴骨肌肉開始運動，眼角出現魚尾紋，牽動眼輪肌同時運動時，大腦「感受快樂的組織」才能產生快樂素，這樣的微笑才是真正的微笑。

天生具有「杜興式微笑」的人只有不到百分之十的人。但是，學習「杜興式微笑」要比學習操作電腦和開車容易得多。學會「杜興式微笑」，你會發現自己的心情會越來越好，歡笑也越來越多，你的幸福感也會越來越強。

嘴角上翹，眼角出現魚尾紋，才是真實的微笑，大腦才會產生快樂的感覺。

愛笑瑜伽

最近幾年，一種練習微笑、強身健體的印度「愛笑瑜伽」正在全球風靡。

「愛笑瑜伽」是一位叫卡塔利亞（Madan Kataria）的醫生和擔任瑜伽老師的妻子一起討論後產生的新發明。卡塔利亞夫妻在研讀了許多報告和實驗後發現，大笑「呵呵，哈哈哈」和瑜伽的呼吸十分類似，於是，配合瑜伽呼吸法和動作，推出了「愛笑瑜伽」。

「愛笑瑜伽」是以模仿動物的表情為特點的特殊瑜伽。練習愛笑瑜伽的場所通常是樹林。練習者先在樹林中慢步十到三十分鐘做熱身，邊走路邊拍手，不時地做深呼吸。隨後，在瑜伽老師的帶領下，活動面部肌肉，然後模仿瑜珈老師的動物表情，如獅子、老虎、猿猴等二十四種不同的微笑表情。這些表情本身看起來就很滑稽，即便是很拘謹的人，只要按照瑜伽老師的樣子去做，也能自然而然地沉浸其中，樹林中很快就充滿了笑聲。

在酣暢淋漓的大笑之後，面部肌肉得到了鍛鍊，流出許多汗

水，心情也十分舒暢。隨後是瑜珈收式，練習者慢慢地收回笑容，調整呼吸。一邊在森林裡散步，一邊大聲向自己說「我們是世界上最快樂的人」、「我們是世界上最健康的人」。待情緒和心跳慢慢恢復平靜後，練習者帶著輕鬆和愉悅各自離去。

這個簡單的「愛笑瑜伽」概念出乎意料地大受歡迎，由最初的五個人開始到如今風行全球。目前，全球已有五千個「愛笑俱樂部」，單在印度就有三千個。

不能每天堅持散步或鍛鍊的人，可以每天堅持練習這個聲音「呵呵，哈哈哈」。一分鐘的大笑相當於十分鐘的慢跑。笑和其他有氧運動一樣，可以促進心臟血液的循環。微笑運動更適合經常坐著工作的人，或者是坐輪椅甚至躺在床上的人。

堅持練習「呵呵，哈哈哈」，可以讓身體吸入更多氧氣，頭腦更清楚，心情更快樂。

第二十四章　越努力越幸運

幸運者與倒霉蛋

有人說：這個世界就是由百分之二十的成功者，帶領著百分之八十的跟隨者在創造和改變著這個世界。而百分之八十的跟隨者中又有百分之二十的倒霉蛋。

許多成功人士均被視為幸運兒。心理學家在對「幸運兒」的研究中發現，這些成功人士大多具備三項人格特質。

一是具備正面思考能力。正面思考的「幸運兒」具備樂觀、勇敢等正面情緒，在遇到逆境時，能將危機視為轉機，並能激發出無限的潛能。

二是具備自我悅納能力。「幸運兒」相信「自己其實還不錯」，就算一時搞砸或失敗，也不會全盤否定自己。

三是具備好奇心。「幸運兒」的好奇心和廣泛的興趣，使他們能抓住好運的機會。

心理學家在對那些所謂的「倒霉蛋」的研究中發現，這些人具有以下特點：

(一) 習慣負面思考問題，對自己缺乏自信；

(二) 對事情沒有興趣，經常性憂鬱；

（三）遇事喜歡說「不可能」、「真倒霉」、「我是不是應該……」、「我要不要那樣？」這些懷疑自己的話。

其實幸運兒與倒霉蛋之間的最大的區別就在於是否具有幸福的能力。有句話說得好：越努力越幸運。

為什麼幸運的人總是事事順利，不用刻意費心思就能達到目的？為什麼幸運的人看起來總是沒煩惱，通常人緣都很好？

幸運者的身上具備以下幾種能力：創造並把握機會、相信自己的直覺、期待好運、扭轉厄運、具備勇氣。

人生的七次機會

談到成功者，常常會談到成功者的人生機會。特別是年長的人，在回憶自己的一生時常常會說「我錯過了那次機會」、「我失去了那次改變的機遇」。

人的一生到底會有幾次機會？

研究者們發現：人的一生會有七次成功的機會，兩次機會之間相隔大約七年。大概從二十五歲開始出現第一次機會，經過五十年的時間，七十五歲以後就不會再有什麼機會了。

第一次機會出現時，因為太年輕，經驗不足，常常是以失敗告終；最後一次機會出現時，因為年歲已高，無力再操控。但是在漫長的人生路上，有些人還會無意與其中的兩次機會失之交臂，所以真正屬於個人的成功機會只有三次。

這個發現使我想起了一句話：上帝賜給每個人三張好牌。

記得當年報考研究所時與一位老師認識，當老師看出我還在猶豫是否報考時，說了這樣一段話：「上帝在每個人的生命中都會賜予三張好牌，每一張牌都意味著你人生中的一次機會。當你把握好機會，出對了這張牌，上帝就會再獎勵你半張牌，若你出錯了這張牌，上帝就會扣去你手中的另一張牌。」

人生中的許多機會就是這樣，遇到一個人、聽到一句話、抓住一次機會，隨之改變的卻是以後的整個人生軌跡。

回想自己的人生之路就是這樣。一九八七年的一篇文章使我離開家鄉；二〇〇二年遇見了導師，開始報考研究生；那位老師的一句話「上帝賜給每個人三張好牌」讓我決定讀博士；二〇〇七年秋天那篇《成功人士為何擲萬金追哈佛「幸福課」》的文章徹底改變了我的人生之路，讓我走向了好運，也找到了自己生命的使命。

上帝的公正在於他賜予每個人同樣的機會，並獎勵出牌正確的人，也殘酷地懲罰了遇見機會不能把握的人。

有句諺語：太陽對每個人都是一視同仁的，既能照到你的宮殿，也不會遺棄我們的茅屋。

當別人不明白他在做什麼的時候，他明白自己在做什麼；當別人不理解他在做什麼的時候，他理解自己在做什麼。當別人明白了，他富有了；當別人理解了，

他成功了。

——李嘉誠

目標決定幸運

法國作家蒙田（Michel de Montaigne）在他的《隨筆集》中寫道：「一個人若是沒有確定航行的目的港，任何風向對他來說都是不順風。」

堅持人生目標是幸運者成功的關鍵要素。

哈佛大學曾對一群意氣風發的畢業生進行了一次關於人生目標的調查。結果是這樣的：百分之二十七的人沒目標；百分之六十的人目標模糊；百分之十的人有清晰較短目標；百分之三的人有清晰長遠目標。

二十五年後，哈佛大學再次對這群學生進行了追蹤調查。結果是這樣的：

百分之三有清晰長遠目標的人，二十五年間他們朝著一個方向努力不懈，幾乎都成為社會各界的成功人士，其中不乏業界領袖、社會精英；

百分之十有清晰較短目標的人，他們的短期目標不斷地實現，成為各個領域中的專業人士，大都生活在社會的中上層；

而百分之六十目標模糊的人，他們安穩地生活與工作著，但都沒有什麼特別成績，幾乎都生活在社會的中下層；

剩下百分之二十七的人，他們的生活因為沒有目標，過得很不如意，並且常常在抱怨他人、抱怨社會、抱怨這個世界「不肯給他們機會」。

二十五年前在同一個屋簷之下，二十五年之後的差別卻如此之大。差別在哪裡？

二十五年前，他們中的一些人就知道為了什麼而活。正是帶著與眾不同的目標和夢想，他們開始了自己有目標、有計畫的人生之路；而另外一些人，則是不清楚或者不是很清楚自己的目標。

在旅途中，我們的迷茫來自我們對目標的不確定，或者不堅定。給自己的人生設定一個目標，就是一個有希望的、心存美好的人。如果一路再堅持走下去，你贏的是一個滿意的自己，收穫的是一個快樂的人生。

在堅持中培養成功的軟實力：一是積蓄力量；二是建立好習慣；三是堅定目標。

懷才不遇與恐懼成功

「懷才不遇」這個詞語出自明代馮夢龍的《喻世明言》卷五：「眼見別人才學萬倍不如他的，一個個出身通顯，享用爵祿，偏則自家懷才不遇。」

古往今來，人們將那些才華洋溢、學識淵博，但是又屈居微賤、無人賞識，終身不得志，沒有成功機會的人稱為「懷才

不遇」者。

心理學家在研究中發現：那些最終沒有取得成功的百分之八十的人，其中不乏「懷才不遇」者。這其中，只有少部分「懷才不遇」者是外部大環境、生不逢時造成的，而更多的「懷才不遇」者是因為自己「半途而廢」的。

為什麼有時距離終點只有幾步之遙，有的人卻迷失了方向？為什麼有些人距離成功近在咫尺，卻半途而廢了呢？

心理學大師馬斯洛（Abraham Harold Maslow）在研究中發現，人類在面對自己時，普遍存在這樣幾種心態：執迷不悟、逃避成長、拒絕承擔偉大的使命。

在面對他人時，如果別人表現得比自己優秀，便會嫉妒；如果別人受到了祝福，心裡便會難受；如果別人倒霉了，則會幸災樂禍。這種情結導致人們不敢去做自己能夠做得很好的事情，甚至不願意發掘自己的潛力。

馬斯洛將這種阻礙生命成長和自我兌現的情結稱為「約拿情結（Jonah complex）」。

約拿是《聖經》舊約裡面的一個人物。他本身是一個虔誠的上帝信奉者，並且一直渴望能夠得到上帝的差遣。上帝要約拿到尼尼微城去傳話，這本是一個崇高的使命和很高的榮譽，也是約拿平時所嚮往的。但就在理想成為現實之際，他卻感到畏懼，懷疑自己的能力，覺得自己做不到，想推卻突然降臨的榮譽，迴避即將到來的成功。約拿抗拒了這個任務，他逃跑了，不斷躲避著他敬仰的上帝。約拿的行為惹怒了上帝，便四處尋找他、喚醒他、懲戒他，甚至讓一條大魚吞了他。最後，他幾經反覆和猶疑後，終於悔改，完成了他的使命。

「約拿」被指代那些渴望成長又因為某些內在阻礙而害怕成長的人。我們大多數人的內心都深藏著「約拿情結」。在我們處於年幼發育期時，常常心懷單純地面對人海茫茫的世界。那時，我們內心會感覺自己很渺小，容易產生懼怕的心理，會產生「我不行」、「我辦不到」等消極的念頭。成人之後，當環境條件不佳，成功的機會還不夠成熟的時候，我們的心理狀態似乎又回到了幼年時期，開始留戀年幼時的生活，進而懼怕面對成年時代，又會出現「我不行」等退縮的念頭。

「約拿情結」會導致人們逃避發掘自己的潛力，不敢去做自己能夠做得很好的事情。他們總是擔心失敗的降臨，對成長感到恐懼，身陷在「約拿情結」的深淵中，錯失了成功的機會。

不少人，在成功的路上，是人為地拒絕自己成功。是他們害怕失敗嗎？其實「人不僅害怕失敗，也害怕成功」。這種缺乏上進心、恐懼成長的心理，心理學稱之為「偽愚」。

任何一個大人物、成功者，都是從小人物逐漸成長起來的。當那些「大人物」和「成功者」們還是小人物的時候，他們也懷疑過自己的偉大。他們在低谷時也迷茫過，在巔峰的前期也畏懼過，甚至還擔心自己的能力不足，分量不夠，無法承擔自己所處的高峰。但是，最後他們還是突破了自己的心理防線，最終走向了成功。

畏懼偉大，會讓一個人內心變得膽怯。膽怯的人，會過分關注自身的不足，故意挑剔自己的毛病。在起跑線上，看到身邊的獎牌，心裡就充滿了懼怕，會認為自己準備得還不夠好，自己的力量還不夠強大；槍聲還沒打響，就已經在起跑線上顫抖。這樣的心理狀態，別說超常發揮，就連應有的能力都難以施展。

面臨機會的時候，保持內心的平靜和執著是最重要的。打碎內心的「畏懼偉大」，平和的面對外界的衝擊，絕不放棄自己的目標，才有機會衝向成功的目標。

在人生的道路上，能夠真正打敗我們的，是我們自己；成就我們的，也是我們自己。這也是只有少數人能夠成功，而大多數人卻平庸一世的原因。

勇氣開啟幸運之門

《勇氣的力量》一書中有這樣一段文字：「世界上沒有勇氣的人太多了。學校教育遠遠沒有達到及格的標準，它製造出了大量懼怕失敗和挫折的人。」

馬克．吐溫（Mark Twain）說：「勇氣是對抗恐懼，主宰恐懼，而不是沒有恐懼。」

勇氣是生命中的一份勇敢、一份堅持、一份熱情和一份真實性。

把你擋在成功門外的，不是險惡的世界，而是你自己；忠於自己的內心，就是最強大的信仰。

在拿破崙帝國時期，法蘭西與歐洲發生了連綿數年的大規模戰爭。拿破崙大軍橫掃整個歐洲戰場，迫使其餘歐洲國家結成歐洲同盟，共同對付拿破崙(Napoleone Buonaparte)。當時，指揮同盟軍的是威靈頓(Field Marshal His Grace The Duke of Wellington)將軍。

威靈頓指揮的同盟大軍在拿破崙面前一敗再敗。在一次大決戰中，同盟軍再次遭受慘重的失敗。威靈頓殺出一條血路，率領小隊衝破包圍，逃到一個山莊。在那裡，威靈頓疲憊不堪，想到今天的慘敗，頓時悲從中來，想自殺——一死了之。

正當他愁容滿面、痛恨不已時，威靈頓突然發現牆角有一隻蜘蛛在結網。也許是因為絲線太柔嫩，剛剛拉到牆角一邊的絲線，風一吹便斷了。蜘蛛又重新忙了起來，但新的網還是沒有結成。

威靈頓望著這隻失敗的蜘蛛，不禁又想起自己的失敗，更加欷歔不已，多了幾分悲涼。但蜘蛛並沒有放棄，牠又開始了第三次結網。威靈頓靜靜地看著，心想：「蜘蛛啊，別費心思了，你是不會成功的。」蜘蛛的這次努力依然以失敗告終，但

牠絲毫沒有放棄的意思，又開始了新的忙碌。

蜘蛛已經失敗六次了。「該放棄了吧？」威爾頓感動地想。但是蜘蛛沒有，牠仍舊在原處不慌不忙地吐出絲，然後爬向另一頭。第七次，蜘蛛網終於結成了！小蜘蛛像國王一樣護著牠的網。

威靈頓看到這一切，不禁流下了熱淚，他被蜘蛛越挫越勇、永不放棄的精神深深地感動了。他朝蜘蛛深深一鞠躬，迅速地走了出去。

威靈頓走出了悲痛與失敗的陰影。他奮勇而起，激勵士氣，迅速集結被衝垮的部隊，終於在滑鐵盧一戰大敗拿破崙，取得了決定性的勝利。

人這一輩子太不容易，沒有幾個人是一帆風順的。失敗與挫折就像五線譜中的高低音，一會兒進入高潮，一會兒跌入低谷，跌宕起伏的人生會使勇敢的人更加堅定。只有那些經歷過痛苦的失敗，發憤圖強，找到真正的自我的人，才能感受到自己生命真實的力量。

牛頓（Isaac Newton）說過：「如果你問一個善於溜冰的人怎樣獲得成功，他會跟你說，跌倒了爬起來，這就是成功。」

堅持，不放棄，是幸運者的人生宗旨。失敗了，不恐懼，依然勇往直前。不管前方多難，都能保持出發時的激情，堅持出發時的夢想。成功永遠都屬於那些有鬥志、有信心、有決心的人。

勇氣是一份在雙手顫抖中打開的禮物。勇氣並非毫無恐懼，而是反抗恐懼、掌握恐懼。

——《美好人生診斷書》

解語

美德與力量的積極心理學讓更多的人學會幸福，擁有與眾不同的幸運。幸福是一種感覺，更是一種能力。當一個人具備樂觀的能力、堅定的能力、慈善的能力，集結的將是幸運的能力，獲取的是人生成功的王道，充盈的是幸福人生的源泉。

幸福的能力是這樣的，越努力越幸運，越幸福越成功。

第二十四章　越努力越幸運

後記
越努力越幸福，越幸福越幸運

歲月是一條流淌的河，帶走了經歷，留下了體驗；歲月是一本記憶的書，撰寫了足跡，見證了生命。

人的一生，能有幾個年華似錦的六年？十個？十五個？如果生命的長度能夠擁有十五個六年，我為自己過去六年中不悔的選擇而慶幸。六年來，兩千多天的日子裡，我全然地沉浸其中，忘我地享受和探索著「幸福」的真諦。

意義療法的創始人維克多·弗蘭克（Viktor Emil Frankl）在《活出意義來》中說道：幸福的人擁有三個寶物，有事做、有人愛、有希望。

如果一個人能選擇去做自己最喜歡的事情，所做的事情又對自己和他人有益，並能在做事的過程中擁有美好的希望，常常體驗到快樂的情緒，這樣的人一定是幸福的。

很幸運，在過去六年裡，我經歷了幸福的歷程，體驗了幸福的感受，在自己生命的路途上留下了一行行幸福的足跡，讓自己的生命見證了「越努力越幸福、越幸福越幸運」的道理。

「幸福不是毛毛雨，不會自己從天上掉下來。」六年前在獲得

第二十四章　越努力越幸運

博士帽的時候，我經歷了人生最迷茫、最晦暗的季節。患得患失的選擇，讓生命的航船在大海中茫然不知所措。

那是二〇〇七年的冬季，並不寒冷，可是行走中的我卻在顫抖中感受著嚴寒。在經過學校的大門時，遇見臉上溢滿微笑的清潔工向我熱情地打招呼。剎那間，我的內心一陣抽搐，羨慕那發自內心的微笑，苦惱自己總是心有重負，總是不滿意自己，總是能挑出諸多的不如意。

如果一個人對生命有興趣，願意去探索那些未知，願意去解析生命背後的秘密，上天會厚愛你的，會恩賜一次機會，幫你去找尋迷茫的根源，助你去發現快樂的源泉。

我幸運地得到上天的厚愛，與積極心理學不期而遇。隨後的日子就是蕩起幸福的船，駛向幸福的彼岸。六年中，寫作了五本「幸福書」，知道了幸福的方法，學會了幸福的能力，掌握了自己的命運，也成為了對他人有用的人。

如今幸福的主題深入人心，有人開始恭維我有眼光，讚美我在傾心研究的領域內開創先河，羨慕我前景無限……我卻欣慰自己沒被六年前所經歷的低谷和困惑阻擋，不為外界的物質世界所誘惑，全然地投入了「幸福心理」的研修。

有句話說的好：一個人的價值不是他有多少錢，而是他身無分文的時候能值多少錢；在身無分文的時候，能創造多少價值。

如今，發自內心的微笑已成為習慣，豐盈的精神財富讓快樂四溢。即使再有身無分文的時候，也會再次創造奇蹟。這就是積極心理學的力量，就是幸福的能力！

《幸福的能力》是一本幸福書，更是一本幸運書。

二〇一二年初，來自王冠宇的一封陌生郵件，讓我開始與大家齊心協力的合作，一起努力了八個月，如期完成了電視講座的拍攝；張立紅主任的熱情支持，成就了講座影音文字版的順利出版；還有編輯劉晚成的認真負責、丁子老師奉獻的封面設計、黃建勛老師的插圖的鼎力支持，成就了一本通俗可愛的幸福書。

感謝彭凱平教授的鼎力支持，在一面之交後，給予我在積極心理學大會上發言的機會，並欣然作序和極力推薦；感謝我見過面和不曾見面的積極心理學界的頂尖級專家：任俊、劉翔平、苗元江、汪冰和岳曉東五位老師的聯合推薦語，讓我在幸運中受寵若驚。

感謝我的母校。幸福課因個別原因還未能如期開設，堅信指日可待。真誠地感謝鄧軍校長的積極鼓勵和支持，鄒世享書記、安海忠院長、姜孟書記的熱情幫助，特別要感謝曹希紳副院長一如既往的大力支持和提攜。

令人嘆息的是，在書稿完成、準備拍攝電視講座的前夕，我最敬愛的導師史清琪媽媽，因連續工作、勞累過度，突發大腦出血不幸去世。無盡的哀思和遺憾、難掩的悲痛和思念，全部化作為導師完成一個最滿意的後事的願望。相信，天堂裡的導師媽媽一定會欣慰和滿意的。

第二十四章　越努力越幸運

愛是一份感恩，幸福是一份感恩的行動體驗。在此還要感謝生養我的母親，給了我一份感恩回報的力量；感謝我的家人、一雙兒女、哥哥嫂嫂、姪兒姪女；感謝我的好朋友孟小林、黃姍萍、葉子、劉馨雅、胡盛強、蘇桂珠；感謝一直支持幫助我的王詠琴、馮小雙、王茗茗、任玉傑、周志飛、海娟；感謝我的同行唐曉龍博士、嚴鐵鷹姊姊和李逸龍博士；感謝黃建軍老師的堅定支持和助理李玉國的努力協助。

因為生命中擁有你們，我才能繼往開來，一路傳遞幸福，快樂地行走。

二〇一二年十二月二十八日

電子書購買

沒心沒肺，你可以更快樂：抱怨是生活的鹽，一點點就足夠 / 王薇華著 . -- 第一版 . -- 臺北市：崧燁文化事業有限公司 , 2021.07
面；　公分
POD 版
ISBN 978-986-516-691-5(平裝)
1. 自我實現 2. 生活指導
177.2　　110008625

沒心沒肺，你可以更快樂：抱怨是生活的鹽，一點點就足夠

臉書

作　　者：王薇華
編　　輯：鄒詠筑
發 行 人：黃振庭
出 版 者：崧燁文化事業有限公司
發 行 者：崧燁文化事業有限公司
E-mail：sonbookservice@gmail.com
粉 絲 頁：https://www.facebook.com/sonbookss/
網　　址：https://sonbook.net/
地　　址：台北市中正區重慶南路一段六十一號八樓 815 室
Rm. 815, 8F., No.61, Sec. 1, Chongqing S. Rd., Zhongzheng Dist., Taipei City 100, Taiwan (R.O.C)
電　　話：(02)2370-3310　　傳　　真：(02) 2388-1990
印　　刷：京峯彩色印刷有限公司（京峰數位）

定　　價：299 元
發行日期：2021 年 07 月第一版
◎本書以 POD 印製